不要再用錯誤方法教女孩！

增訂版

女孩危機?!

女孩家長必讀手冊

孫雲曉　李文道　編著

責任編輯	俞　笛
書籍設計	鍾文君

———

書　　名	**女孩危機?!** —— 女孩家長必讀手冊（增訂版）
編　　著	孫雲曉　李文道
插　　圖	周蕊　彭韻嘉
出　　版	三聯書店（香港）有限公司
	香港北角英皇道 499 號北角工業大廈 20 樓
	Joint Publishing (H.K.) Co., Ltd.
	20/F., North Point Industrial Building,
	499 King's Road, North Point, Hong Kong
香港發行	香港聯合書刊物流有限公司
	香港新界大埔汀麗路 36 號 3 字樓
印　　刷	陽光（彩美）印刷公司
	香港柴灣祥利街 7 號 11 樓 B15 室
版　　次	2011 年 7 月香港第一版第一次印刷
	2017 年 6 月香港增訂版第一次印刷
規　　格	特 16 開（150 × 210 mm）320 面
國際書號	ISBN 978-962-04-4146-2

目錄

1 女孩的獨立危機

"富養女" 容易導致 "拜金女" 009 / 女孩，更強的依從性 012 /

對母親的過度依戀阻礙女孩獨立 014 / 父教缺失阻礙女孩獨立性 016 /

應試教育遏制女孩的獨立發展 018

培養女孩好榜樣：趙小蘭的父母、我的經驗　020

培養獨立女孩的 5 個建議　024

發現女孩　031

發現女孩之一：神奇的性激素　032

2 愛與性的困惑

情感背叛讓女生更痛苦 039 / 女孩的初次性行為並非出於自願 042 /

性行為之後，男孩會更愛她嗎？ 045 / 女孩更渴望親密關係 048 /

兩性差異背後的深層原因 052

培養女孩好榜樣：我的經驗　055

應對愛與性的 5 個建議　057

發現女孩之二：女孩的大腦　062

3 極易失落的自信心

許多女孩靠整容來提升自信 068 / **未成年少女不適合做整容手術** 071 /

過度關注外表讓女孩失去自信 073 / **在生活中女孩的壓力越來越大** 076 /

女孩大腦更注重細節 078

培養女孩好榜樣：戴卓爾夫人的父親　080

提升女孩自信心的 5 個建議　082

發現女孩之三：女孩的性發育　088

4 過早發生性行為的危害

性無知釀少女早孕形成 "人流季" 092 / **性教育嚴重缺失** 096 /

青春期提早帶來的挑戰 102 / **過早性行為危害健康** 104 /

難以彌補的心靈創傷 108

培養女孩好榜樣：一位大連母親　112

預防少女過早性行為的 5 個建議　114

發現女孩之四：生理早熟的女孩　119

5 少女生殖健康危機

高中女生"閉經"令人扼腕 124 / 少女痛經：一個更為普遍的現象 126 /

學業壓力危害女孩健康 131 / 對月經的無知與避諱 133 睡眠不足、運動不夠 137

培養女孩好榜樣：俞敏洪的經驗　140

關注女孩生殖健康的 5 個建議　142

發現女孩之五：心理早熟的女孩　148

6 不當節食減肥

"我還可以再瘦點兒！" 152 / 不當減肥，減掉的還有健康 157 /

扭曲的審美傾向：把異常當作正常 164

培養女孩好榜樣：索菲亞・羅蘭　167

避免不當節食減肥的 5 個建議　169

發現女孩之六：更有韌性的女孩　175

7 異性交往缺乏

優秀女孩緣何成了"剩女"？ 180 / 青春期異性交往遭到嚴重

限制 184 / 父親是女兒了解異性的重要途徑 189

培養女孩好榜樣：一位法國父親和一位德國媽媽　192

促進女孩親密關係發展的 5 個建議　195

發現女孩之七：女孩的優勢　202

8 女生也可能很暴力

洛杉磯中國留學生酷刑綁架案 209 / **女生暴力，絕非個案** 211 /
暴力女孩的養成，誰之過？ 215

培養女孩好榜樣："法官媽媽" 尚秀雲　221

應對女生暴力的 5 個建議　224

發現女孩之八：女孩的不足　234

9 女孩體質健康危機

女孩體質持續下降 238 / 營養、貧血及視力問題突出 241 /
好體質，女孩一輩子的健康與幸福 244 / 女孩承受更大的學業
壓力 247 / 女孩，體育鍛煉更為缺乏 249

培養女孩好榜樣：李紅　251

提高女孩體質的 5 個建議　254

發現女孩之九：活動性低與服從性強　262

10 女生就業受歧視

女生就業更易遭受歧視 266 / **性別歧視在作怪** 269 / **女生自
身因素："三怕"** 271

培養女孩好榜樣：孫德林對女兒的理解與支持　274

幫助女生成功就業的 5 個建議　277

發現女孩之十：害怕冒險與不具攻擊性　285

11 父教缺失，女孩成長隱患多

沒爸的女孩像 "野草" 290 / "父教缺失" 危害女孩的戀愛及婚姻 294

培養女孩好榜樣："脫口秀" 女王的父親　298

好好做父親的 5 個建議　302

發現女孩之十一：遊戲風格不同　306

附錄：女孩如何教養：李文道與諸富祥彥對談 308

後記 314

1

女孩的獨立危機

作為女孩的父親，我們都在思考一個問題：在二十一世紀的今天，女孩最重要的品質是什麼？三位女性的三句話引起我們的思考：

第一位是一個叫馬諾的女孩。她是一個非常真實的女孩，在參加著名的電視徵婚節目《非誠勿擾》時，她很坦率地講出了讓全國人民印象深刻的那句話："我寧願坐在寶馬車裏哭，也不願坐在自行車上笑。" 她現在成為"拜金女"的代名詞。

作為女孩的父親，我們不願意讓女兒的幸福建立在物質主義之上，我們希望女兒的幸福是由內而外的，是建立在獨立自信基礎之上的。馬諾讓我們進一步加深了對"富養女"的懷疑。

第二位是電影名星范冰冰。她在接受記者採訪時所說的一句話讓我們印象深刻。當被問到是否想嫁入豪門時，她斬釘截鐵地回答："我沒想過嫁入豪門，我就是豪門。" 我們非常認同這個觀點：一個女人的幸福是不應該完全寄託於她的丈夫身上的。我們認為"王子灰姑娘"的故事對女孩的成長是有害的，看這樣的童話故事看多了，女孩會"中毒"的，這會讓每一個女孩都希望成為幸運的"灰姑娘"，把自己的希望和幸福寄託到"白馬王子"身上。每個人的幸福首先是自求的，我們父母首先要培養的是女孩獨立地獲得幸福的能力。

第三位是李紅。國際奧委會中國事務首席顧問，是首位進入國際奧委會高級行政管理層的中國人。她曾說過這樣一句話："如果一個女人把婚姻想像得特別完美，把老公當成自己的支柱，那她一定不幸福。" 李紅說出了我們心裏的話，我們認為：幸福的婚姻對女性的幸福當然至關重要，但這種幸福應該建立在自我幸福的基礎之上的。

我們認為，女孩最重要的品質莫過於獨立性的發展。培養女孩，首先要讓女孩有一種實現自我幸福的能力。

"富養女"容易導致"拜金女"

　　2016 年 5 月 5 日的央視《今日說法》報道了一個色情產業鏈被偵破的案件，其中有許多年輕漂亮的女性，打着演員、模特等身份從事賣淫活動，其中有一個名牌女大學畢業生李某某特別引人關注：

　　1992 年出生的李某某家庭條件優越，父母都是生意人，從小她就喜歡播音主持，在她上小學時就曾作為學校的小主持人。為培養她，父母盡了不少心力。高中畢業後，她被一所非常知名的藝術院校錄取，專修播音主持專業。她不僅人長得美，學習成績也出類拔萃，大學畢業後還經常被母校請回去作為榜樣給新生做演講。

　　上大學時，她開始喜歡跟同學們攀比衣食住行："我家條件也不差，但是比起那些開跑車上學的同學，我覺得心裏不舒服，我也想像她們一樣。"這是李某某接受審查時的"坦白"。

　　據李某某交代，起初，她在別人介紹下，只是陪陪有錢的老闆吃吃飯，一晚也有幾千元的"小費"，後來開始"出台"，一夜收取嫖資一萬。後經專業公司的包裝，她被打造成電影演員、專業主持人、名品代言人。公司在網絡上為她做宣傳，然後拍照片，找網絡寫手，寫她的

"新聞"。此外，為讓自己有氣質，她還自費學習了商業禮儀、馬術、打高爾夫、鑒定奢侈品，等等，她還通過整容，將自己整成與一名明星相似。短短一兩年，李某某想開跑車的願望實現了。她的一個有錢的男性客戶直接送她一輛寶馬Z4跑車。不久，李某某開豪車、用奢侈品，儼然成了一個"成功女性"，民警抓獲她時發現其賬戶內有五百萬存款。

近些年，"窮養男，富養女"的說法很流行，如果是精神層面的"富養"，這當然是有益的；但如果是物質層面的"富養"，過度滿足女孩的物質需求，這樣做的後果可能就是：極易導致女孩的物質主義取向，慾壑難填，培養出真正的"拜金女"來。

"富養"不一定養出"拜金女"，但無疑提高了這種可能性。

現在，受這種"富養"說法影響的父母還不少：

2015年4月24日，山西太原，一90後辣媽在某酒店自辦T台秀為二歲女兒慶生[1]，慶生現場所展示的奢侈品童裝是年輕辣媽兩年來在美國、香港、韓國等地為女兒購買的國際頂尖大牌，如香奈兒、迪奧、LV、巴寶莉、阿瑪尼、普拉達等，其中一套貂皮大衣加上迪奧小皮包的價格就超過了十萬元，僅購衣款前後花費就接近百萬元人民幣。

據這位90後辣媽介紹說，舉辦這次T台秀的原因是為了送給女兒一個特別的生日禮物。整場秀也都是自己和孩子的爸爸親力親為操辦而成，並未過分鋪張。

至於給孩子購買如此多奢侈品童裝的原因，年輕的辣媽說："現在

① http://finance.ifeng.com/a/20150501/13678523_0.shtml#p=1.

家裏的條件不差，想讓女兒生活得更好一點。"

另外據報道：武漢一位女孩即將小學畢業時，媽媽送上一價值近兩萬元的路易·威登（LV）手包作為女兒的畢業禮物。這位媽媽表示："希望女兒能從小見世面，將來氣質高雅。現在不也提倡富養女兒嗎？"

有許多父母認為：從來富貴多淑女，自古紈綺少偉男。我們認為：如果是文化層次的"富養"，是良好的教育，但如果是物質層次的"富養"，那麼極有可能富養出來一個物質主義、拜金主義的女孩。

讓人擔心的是，有"拜金女"馬諾這樣想法的女孩還不少。在一些女大學生中正流傳着這樣一種說法："考得好不如長得好，工作好不如嫁得好"。許多有這種想法的女孩希望能憑自己的青春與外貌釣得"金龜婿"，找一個有錢老公以解決"長期飯票"。她們認為：嫁一個有錢老公就等於購買了一份終生保險，一勞永逸而無後顧之憂。

2014 年，廣州市婦聯發佈的《廣州女大學生調研報告》顯示：32.7%的女大學生認同讀大學的主要目的是為了"提升自己，嫁個好老公"。在一個日益強調經濟獨立的今天，有如此高比例的女大學生把"嫁個好老公"作為讀大學的目的，不得不令人深省。其實，把自己的前途與幸福寄託在另外一個人身上是一種最不保險的做法，其深層次反映的是這些女孩獨立人格的欠缺。

在 21 世紀這個女性獨立的世紀，有這麼多女孩有這樣的想法，不免讓人擔憂，因為女孩的獨立性本來就不夠強大，女孩本來就更容易順從。

女孩，更強的依從性

　　心理學家勞拉·貝克認為，從學齡前期開始，女孩就比男孩更容易順從成人或同伴的命令，女孩也往往更為頻繁地向成人尋求各種幫助。在人格測驗中，女孩的依賴性得分也更高。

　　女性比男性更容易從眾，與男性相比，女性更容易順從於社會壓力。下面就是兩個有關女孩順從及獨立性的心理學實驗：

　　美國心理學家威特金等人曾經做過一系列的"框棒實驗"。實驗研究結果表明：與男性相比，更多的女性屬於"場依存性"，依賴周圍的信息參照進行信息加工。場獨立性強的人，獨立性也強，不容易受他人暗示。場依存性弱的人，獨立性差，容易受到他人的暗示。

　　心理學家凱瑟琳·亞當斯和奧德麗·蘭德斯以大學生為被試的對象的實驗表明：在面對不同意見時，男生平均頂住約九個不同意見，而女生平均頂住六個。研究者據此認為男性比女性更有支配性，在不同意見面前更有可能堅持自己的意見。

　　從學前期開始，女孩對於父母、教師和其他權威者的要求，比男孩更為順從，也更容易出現"告密"行為。美國研究人員曾調查了 20 個由學生策劃的未遂校園槍擊案的案例[1]。其中有 18 個案例都是知悉此事的女孩提前報告了校方或其他成年人。對此，研究者總結說：男孩首先忠誠於其他男孩，女孩則從成人的視角看形勢。美國一些心理機構的調查發現，女生能夠更好地理解教師的意圖，更好地配合、服從。心理學博士里奧納多‧薩克斯認為，女孩更順從，是因為她們喜歡和大人擁有同樣的目標和價值觀。

女孩更容易服從，這種品質無疑會影響到女孩獨立性的發展。心理學家、社會學家以及研究女性的學者大都認為，女孩的服從是後天環境塑造的結果，家庭教育和學校教育在其中扮演着重要角色。

———————

① 里奧納多‧薩克斯，家有男孩怎麼養，中國青年出版社，2003 年。

對母親的過度依戀阻礙女孩獨立

2015 年，我（李文道）在採訪日本學者明治大學文學部教授諸富祥彥時，他談到了日本女孩成長的一個現象 ——"守墓女"和"毒媽"現象，即有些女孩因為與母親之間的關係過於緊密，喪失了自我，最後選擇一輩子跟媽媽生活在一起，為媽媽養老送終，成為"守墓女"，而壓制女兒獨立性發展、影響女兒終生幸福的媽媽也被稱作為"毒媽"。小時候，女兒過度依賴媽媽，長大以後，女兒對母親的態度是既愛又恨，既想離開母親的束縛又難以離開。

在教育孩子方面，母親是生、養於一體的。母親往往把女兒看作為自己的延伸。作為女性，母女之間存在許多一致性，這一方面給女孩帶來好處 ——母親是發展的榜樣和模板，但如果母女關係過於親密，女孩對母親的過度依戀，糾纏不清，就會威脅到女孩獨立性的發展。

母女關係過於親密會阻礙女孩獨立性的發展。在 2010 年 7 月 23 日的《解放週末·女性》刊登的〈戀母的女孩長不大〉一文中，學者們給出了以下的解釋：對於為什麼有些女性在心理上如此依賴母親，南希·弗萊迪認為：

女性成年後對母親的依戀可追溯到童年時期所接受的信息。她認為：對於小男孩來說，這個世界是敞開的。他們接觸真實的世界，從中所獲得的人生體驗、實踐經驗使他們能夠更加豁達地面對人生的變數，從容地面對被人拒絕的尷尬。女孩則從小就被過度保護，被當成溫室裏的花朵，受到小心的呵護，根本沒有機會接觸真實的世界。

即使是結婚以後，女性與母親保持過於親密的關係很可能會給婚姻帶來麻煩。心理學家特里・阿普特認為：

過分依賴母親的女性，往往沒有主見 —— 她們不願住得離母親太遠，時刻牽掛着母親的喜或憂，凡事都要讓母親替自己拿主意。她們腦海中經常出現母親的聲音，母親如何對自己的一言一行、一舉一動評頭論足。

對母親的過度依戀會嚴重壓縮女孩獨立的時間與空間，進而影響到女孩的獨立精神。與男孩相比，女孩需要更大的勇氣去克服對母親的過度依戀。

父教缺失阻礙女孩獨立性

　　父教缺失是指孩子在成長過程中很少得到父愛，或父親在子女教育中參與很少甚至孩子沒有得到父愛，或父親沒有參與子女教育的狀況。

　　當代中國社會是一個父教嚴重缺失的社會。2015 年 12 月，全國婦聯發佈第二次全國家庭教育狀況調查報告說，我們通過 "輔導孩子學習" "接送孩子上下學" "開家長會" "培養孩子日常行為習慣" "糾正孩子的不良行為" "教孩子明辨是非" 等 14 項內容，考察父母在家庭教育中的分工情況，分為 "媽媽為主" "爸爸為主" "爸媽共同承擔" "其他人做" 和 "沒有人做" 五種情況。結果顯示，"爸媽共同承擔" 的佔 40.6%，"媽媽為主" 的為 40.3%，"爸爸為主" 的為 11.6%。總體上看，家庭教育分工距離 "夫妻共親職" 的理想養育觀念和模式仍有較大差距，近一半的家庭在不同方面存在子女教育中父親 "缺位" 的情況。

　　對吉林省長春市年齡為 3-13 歲兒童的父母共 360 人的調查發現：在小學兒童中，有 9% 的父親稱每天陪伴孩子的時間為零，有 22.2% 的父親稱每天最多只有一小時的時間能陪伴孩子。

　　父教缺失對女孩獨立性的發展具有消極影響。著名女性心理學家卡羅爾·吉利根認為，男女兩性與他人的聯繫方式截然不同，女性往往側重於聯繫，男性往往側重於分離。父親往往鼓勵孩子的自由探索，而母親往往傾向於過度保護。作為男性，父親更容易鼓勵孩子的自主，這已獲研究證實。對以色列 12-16 歲青少年的研究發現，在青少年時期，父親會比母親提供更多的自主性支持，父親的角色可以促進青少年獨立性的發展，掙脫原生家庭的束縛。還有研究發現：父親本人也認為自己要比母親更能鼓勵孩子的獨立性。

在心理學上，父親被看作是孩子掙脫母親懷抱的關鍵力量，父親是孩子走向外部世界的橋樑，父親的存在與鼓勵是孩子獨立性發展的基礎，對男孩女孩都是如此。

應試教育遏制女孩的獨立發展

在《男孩危機?!》一本中,我們提出了這樣一個觀點:應試教育對男孩更不利。由於女孩順從、聽話、安靜等品質更為適合應試教育的需要,女生也更容易忍受應試教育的諸多弊端。近些年來,女生成績異軍突起,不管是中小學,還是大學,女孩成績均優於男生,女生的聽話、服從是重要原因。

今天我們認識到女孩也是應試教育的受害者,應試教育進一步強化了她們的順從意識,遏制了女孩獨立性的發展:

第一,在教育評價上,應試教育把聽話、順從、絕對服從作為主要評價標準,這不可避免地強化了女孩的順從。

第二,在考試評價上,應試教育強調標準答案,幾乎把考試作為唯一的評價指標,這不利於女孩獨立性的發展。

第三,在教學方式上,應試教育是被動的,其教學是填鴨式的灌輸教育,把孩子看作一個個等待填滿的容器,教師佔據權威、主導地位,不鼓勵學生的質疑與獨立思考,要求學生極端服從,不尊重學生的主體地位。

第四,應試教育所導致的課業負擔過重,使女孩把大多數時間都用於學業,把女孩的身體局限於課堂與課本。

　　應試教育嚴重限制了女孩獨立行動、探索的時間和空間，扼殺了她們本來就很珍貴的獨立意識和精神。中國的應試教育，進一步弱化了女孩的獨立思考能力。

知識鏈接：教科書與女性形象

　　1975 年，美國一個名為 "語言和圖畫中的婦女" 的研究小組分析了 16 家出版社的 134 本小學教科書中的 2760 個故事，結果發現關於男性的故事比關於女性的故事多出四倍。而且，故事中的女性多出現在家裏，她們的行為多表現為被動、害怕和畏縮等，男性則往往表現為富有支配性和冒險傾向[1]。中國研究者佐斌對人民教育出版社出版的小學語文課文的研究分析發現[2]：小學語文分配給男女兩性扮演主角的數量，男性是女性的 4.3 倍；而在男女能力方面，語文教材中描述女性的是無知低能的多，男性則是知識淵博、能力高強的多；在男女性格方面，描述女性更多的是不良性格特徵，如小氣、狠毒、不信任、迷信等，而男性則多是堅強、勇敢、正直、友愛等優良的性格品質。史靜寰等對人教社版（1994-1996）的六年制小學語文教材的數據統計[3]：女性形象出現率僅為 20.4%，而且呈現年級越高，課本中女性出現的比例越低的趨勢。除此之外，史靜寰等還發現[4]：小學教材中依然普遍存在 "男性強於女性" "男性優於女性" 的性別觀念。

① 阿妮塔・伍德沃克著，陳紅兵等譯，教育心理學，江蘇教育出版社，2005 年。
② 佐斌，小學語文課文內容的社會心理思考，教育研究與實驗，1998 年第 1 期。
③ 史靜寰，教材與教學：影響學生性別觀念及行為的重要媒介，婦女研究論叢，2002 年第 2 期。
④ 史靜寰，教材與教學：影響學生性別觀念及行為的重要媒介，婦女研究論叢，2002 年第 2 期。

培養女孩好榜樣：
趙小蘭的父母、我的經驗

趙小蘭的父母

在培養女孩獨立性這方面，有一個家庭做的非常棒，那就是趙小蘭的父母。趙小蘭的名字很普通，但她在海外華人圈卻鼎鼎有名，她 2001 年由小布殊總統提名並出任美國勞工部長，是美國歷史上第一位進入內閣的華裔，同時也是內閣中的第一位亞裔婦女。她父母的做法非常值得今天的中國父母學習。

趙小蘭他們家是一個大家庭，姐妹六個，而且算是一個富裕家庭，有游泳池，還有專職管家。

台灣作家劉墉曾描述了趙小蘭的父親趙錫成和母親朱木蘭是如何培養孩子的獨立性的 [1]：

他們家雖然有管家，孩子仍然要自己洗衣服、打掃房間。大人的道理很

---

① 劉墉，前美國勞工部長趙小蘭的家庭教育：什麼是家園，家庭，2001 年第 4 期。

簡單：由儉入奢易，由奢入儉難。管家是請來幫助父母的，不是幫助孩子的，年輕人理當自己管自己的事，不能太早就受人伺候，否則很難學會獨立！

她們幾姐妹不僅料理自己的內務，每天都要聽鬧鐘起床、趕校車上學，回家由姐姐帶頭自動地唸書，而且還要分擔家裏的瑣事。

每天早晨，她們要出去檢查游泳池的設備，撈掉水上的髒東西。到了週末，則要整理那佔地兩英畝的院子，把雜草和蒲公英拔掉。趙小蘭 16 歲的妹妹已經負責處理家裏的賬單、將聖誕卡的郵寄名單輸入電腦，並接聽晚上的電話。而且，只怕講了你也不信，趙小蘭家門前長達 120 英尺車道的柏油路面竟然是幾姐妹在父親指揮下自己鋪成的。

長大成人的趙小蘭非常感謝父母當年的良苦用心，她曾經在《我的事業與人生》那篇文章裏說："那時我們不是很喜歡，如今想來，大家一起工作，一起交談，很能領會父親良苦的用心了。"

我的經驗

在培養孩子獨立性方面，我（李文道）也有過成功的案例。一位朋友的女兒，一個活潑可愛的 12 歲小姑娘，開始上初中，卻無論如何也不願意自己去上學，堅持有人陪她去。我的朋友認為：上初中了，女兒應該獨立去學校了，他們也打算不再送女兒去上學了。我的朋友千說萬說，道理講了一大堆，女兒卻"刀槍不入"、死活不聽，如果父母不送，她就不去上學了。我的朋友最後不勝其煩，卻又無計可施，最後找到我："李博士，您是研究心理學的，您有什麼方法？"

我與這位朋友先一起分析了一下實際情況：她上學的路線其實並不複雜，中間只需要倒一次公交車，一個 12 歲的女孩完全可以做到這一點。我與朋友一致認為：他的女兒不願意獨自一人上學的最主要的原因是她的心理恐懼：對自己獨自上學缺乏信心，同時她也缺乏經驗：不知道怎麼樣換乘公交車（這麼多年了，她一直是父母引着坐公交車，連看站牌都沒學會）。我們判斷：她有獨自上學的動力 —— 上初中了，還需要父母陪送上學，這在同學面前並不是一件光彩的事情。我們還達成共識：如果馬上逼她獨自一人乘公交車，就有可能把她置於危險之中。

最後，我與朋友一起制定了循序漸進的行動方案，名曰"四步走'戰略'"：

第一步，父母陪孩子乘公車，先引導女兒如何看站牌，如車次、方向、起點及終點等，並告訴她如何換乘等等。

第二步，讓女兒引領父母乘公交。在這階段，父母仍然陪女兒去上學，但身份發生了改變，女兒是引領者，父母只是簡單的陪伴，主要起到心理上的安慰作用。在此過程中，父母可以陪在女兒身邊，可以通過眼神等肢體語言進行交流，一般不要進行言語指導。

第三步，女兒乘公交，父母像陌生人一樣遠遠地關注着女兒，遠距離的給女兒一種心理安全感。

第四步，女兒獨自一人去乘公交，父母不再陪伴，父母的手機號碼隨身攜帶。

我們本來打算用一個月的時間，每個步驟一個星期。結果遠遠超出我們的期望。到第二個星期時，朋友的女兒就突然宣佈不再需要父母陪伴了。第三個星期天，朋友的女兒就宣佈：自己一個人去姥姥家。朋友有點擔心，去姥姥家要換乘兩次公交、一次地鐵，但他們還是選擇了相信女兒。朋友的女兒最終安全順利地抵達姥姥家並獨自返回。朋友在電話裏激動地告訴我：看到女兒獨自一人回家時臉上流露出的自信，他又一次體驗到當一個老爸的幸福。在這個過程中，朋友的女兒犯了一些初學者經常會犯的錯誤，如有一次坐過了站，還有一次去姥姥家時換錯了車。每一次，朋友的女兒都自主地糾正了錯誤。

在我的成功經驗中，有三點是需要父母特別注意的。第一，女孩的獨立能力比父母想像的要大得多。第二，在給予女孩獨立的機會之前，一定要給予她嘗試與訓練的機會，女孩獨立的過程應該是一個循序漸進的過程。第三，嘗試獨立的過程可能是一個犯錯誤的過程，父母應該多鼓勵，不要批評，要相信孩子具有驚人的自我糾錯能力。

培養獨立女孩的 5 個建議

人類文明的進程就是女性獨立性不斷增強的解放過程。獨立性是女孩奮飛的翅膀。21 世紀將是一個女性大展身手的世紀,獨立精神是 21 世紀女性的最重要的品質之一。21 世紀的女孩和女性應該明白這樣一點:男女之間的依賴是以人身和經濟獨立為基礎的相互依賴。獨立是第一位的,相互依賴是第二位的。對女孩父母來說,培養女孩的目標不應該是嫁一個好丈夫,而應該着力培養女孩的獨立與自信。

何謂獨立?上海大學的學者李立新認為女性的獨立體現在三個方面[1]:一、不存在人身的依附、屈從關係。女性獨立,首先要打破女性對男性的依附,實現男女平等;二、不存在經濟的依附、屈從關係。經濟決定上層建築。女性獨立,必須要擺脫經濟上的依附關係,實現經濟獨立;三、不存在精神上的依附、屈從關係。女性獨立,必須從根本上擺脫對他人的精神依賴,實現人格獨立。

"教育的目的就是為了不教育。" 所有的家庭教育其實都有一個目的:通過家庭的教育,使孩子能夠擺脫對父母和其他人的依賴,成為一個

---

[1] 李立新,女性獨立的法學思考,福建論壇(社會教育),2009 年第 2 期。

能夠獨立思考、獨立學習、獨立生活的人，授人以"魚"，不如授人以
"漁"。

建議 1：抓住女孩的兩個"獨立"關鍵期

發展心理學家們認為，一個人的獨立性發展主要有兩個關鍵期。關鍵期
是指在特定時期內某種能力或心理品質最容易獲得，而一旦錯過這個時
期，想彌補就會變得非常困難，即俗話所說的"過了這個村，沒有這個
店"。

男孩女孩獨立性發展的第一個關鍵期都在兩周歲左右，又被稱作"第一
反抗期"，這時候的女孩第一次認識到自己是跟其他人或物體區分開來
的獨立個體，第一次用"我"這個詞來指代自己，這標誌着自我的第一
次誕生，也標誌着第一個獨立性關鍵期的到來。

這一時期的女孩，已經學會走路，具有了基本的獨立行動的能力，她們
表現出非常強烈的自主傾向：她們不喜歡別人餵飯，希望自己吃飯，不
喜歡別人替她穿衣服，希望自己穿衣服⋯⋯她們希望盡可能地由自己
來控制自己的生活，做生活的主人。這種可貴的自主精神就是"獨立"
精神的萌芽。如果父母能夠耐心地對待女孩的這種自主性需求，盡可能
地讓女孩做那些力所能及的事情，如自己吃飯，自己穿衣服，女孩就會
發展出一種對生活的掌控感，對自己更加自信，更願意獨立探索未知的
世界，她會變得越來越獨立。

如果父母缺少這種意識，用粗暴的態度對待女孩的這種自主性需求，包
辦代替，那麼女孩的這種獨立精神就有可能被扼殺在萌芽狀態，甚至會

影響其一生。那些成年以後，仍然過度依賴父母，找不着工作就當 "啃老族" 的女孩極有可能屬於這種情形。

女孩獨立性發展的第二個關鍵期是青春期。青春期是女孩向女人過渡的時期。隨着生理和心理的急劇成熟，女孩的自我意識再一次蓬勃發展起來，在心理學上被稱為 "心理斷乳期"，這是女孩學習如何獨立走向社會並成為一個獨立女性的關鍵時期。在這一時期，如果父母對女孩的各種想法採取鼓勵寬容的態度，以顧問的角色幫助女孩釐清各種想法並提供各種支持，那麼女孩將對獨立應對社會的各種挑戰信心十足，她們願意接受生活的挑戰並自信能戰勝它們。

相反，如果這一時期的父母採取過度保護的做法，認為女孩無法一個人獨立面對生活，對女孩的獨立意願和行動採取抵觸態度，那麼女孩將對獨立走向社會心懷恐懼，她極有可能像一個沒有安全感的嬰兒一樣退縮到父母的身邊，繼續依賴父母的保護，即使她走向社會，一旦遇到什麼困難和挫折，她也會本能地選擇退縮，這對於女性迎接競爭越來越激烈的社會挑戰無疑毫無幫助。

明智的父母，會抓住這兩個關鍵期，他們心裏明白：女孩終有一天要獨立走向社會，要獨自承受未來生活的各種挑戰，他們會鼓勵女孩的自主與獨立，創造條件發展女孩的獨立性。

建議 2：發揮父親的獨特作用

在女孩獨立性發展上，父親發揮着更大的作用，這與父愛的獨特性密不可分。母愛往往是無條件的，而父愛往往是有條件的，父愛經常是作為一種對女孩良好行為舉止的獎勵出現的。為了贏得這種獎勵，女兒必須努力，這推動了女兒的學業和事業進步。

道格拉斯·杜內等人通過研究發現[1]，與父親生活在一起的女孩具有較高的教育期望，並且在自然科學、數學、語文和歷史等標準化成就測驗中比那些與只與母親生活在一起的女孩獲得更高的分數。約翰·斯納里的研究表明[2]：具有上進心的婦女，往往可以從她們在青少年時期與父親的密切關係中覓得根源。他認為，正是父親積極地參與到女兒生活當中，才促使她們有能力實現與母親的分離，並建立起通向外部世界的道路。

在心理學上，父親經常被看作是孩子掙脫對母親過度依戀的關鍵力量。父親是孩子走向外部世界的橋樑，父親的存在與鼓勵是孩子獨立性發展的基礎。著名女性心理學家卡羅爾·吉利根認為，男女兩性與他人的聯繫方式截然不同，女性往往側重於聯繫，男性往往側重於分離。父親往往鼓勵孩子的自由探索，而母親往往傾向於過度保護。作為男性，父親更傾向於鼓勵孩子的自主與獨立。

建議 3：母親要學會"放手"，鼓勵女孩的獨立

母親是女孩的安全基地，母親所提供的安全感是女孩敢於探索的前行動力。心理學家特里·阿普特一方面認為母女過度依戀會阻礙女孩獨立性的發展，但她同時認為"與母親關係親密未必都是壞事，關鍵是女兒要

---

① D.B Downey, B.Powell. *Do Children in Single-Parent Households Fare Better Living with Same-Sex Parents*[J]. Journal of Marriage and the Family,1993（55）.
② 羅斯·派克，父親的角色·瀋陽：遼海出版社，2000。

有自己的主見，要學會在親密的關係中保持獨立性。這樣的親密關係就不會成為女兒成長的絆腳石，相反會幫助女兒健康成長。"

母親應如何把握這種平衡，既讓女孩感受到親密關係而又不傷害其獨立性呢？我們認為，明智的母親在做好女兒安全保護的同時，一定要學會如何放手。

第一，讓女兒獨自承擔一些力所能及的責任。母親可以從吃飯穿衣等日常事務着手，讓女孩首先承擔起自己生活的一部分責任。如引導得當，兩三歲的女孩就基本上可以自己吃飯穿衣，幼兒園階段的女孩就可以自己收拾自己的玩具，小學階段的女孩就可承擔一些簡單的家務，中學階段女孩完全可以做一些簡單的飯菜。獨立性的發展是需要練習的，沒有承擔這些責任的過程，就無法發展出真正的獨立性。

第二，讓女兒學會獨立做出決定。一些女孩之所以給人以獨立性不強的印象，是因為她們難以獨立做出決定，她們給人的印象往往是猶豫不決，前怕狼，後怕虎。這其中的原因主要是她們缺少做決定的經歷以及做決定的能力。做決定的能力是需要從小培養的。在女孩很小的時候，母親可以把一部分選擇權交給她，可以先從一些小事情開始，比如她早飯是喝豆漿還是牛奶，是吃麵包還是饅頭。女孩到小學的時候，母親可以把部分置裝權交給女孩，在母親控制預算的前提下，女孩可以選擇她喜歡的顏色和款式。在此過程中，女孩可能會犯錯誤，但錯誤是成長的代價，犯錯誤並學會承擔錯誤的後果，會使女孩將來更明智地做出決策。

第三，給女兒獨立的時間與空間。獨立性的培養是需要獨立的時間與空間的。現在家庭教育的重大問題是：應試教育極大的壓縮了學生的時間與空間，女孩的許多時間都被沉重的課業負擔佔據了。在無法徹底改變應試教育的情況下，母親應該更為明智地為女孩創造這種獨立的時間與空間，除了課業之外，其他時間可以允許女孩自由支配，她做什麼，怎麼做，母親儘量不予干預。

母親應該謹記：女孩就像手中的沙子，攥得越緊，沙子流失的越快。如果母親能以輕鬆的心態對待女孩的獨立傾向，母親不但不會失去女兒，而且不管女兒身在何處，母親都會永遠在女兒心中。

建議 4：引導女孩學會自我管理

蘇霍姆林斯基認為 "自我教育" 才是真正的教育。自我教育正是一種以尊重獨立性發展為基礎的教育。

在《培養自理好習慣》一書中，就特別強調這樣的思想：從自理到自立，即通過培養孩子的自我管理能力來培養其自立精神。

在這本書裏，涉及到的內容幾乎涵蓋了孩子生活的方方面面：目標管理、時間管理、物品管理、消費管理、情緒管理、運動管理、飲食管理。一個思想貫穿該書始終，那就是通過父母的引導和培養，幫助孩子養成自我管理的習慣，而這種自我管理習慣最終會幫助孩子學會如何獨立應對生活的挑戰。在這本書裏，還給出了實際的方法指導，有興趣的父母，可以翻讀此書，作為培養女孩獨立性的指導和操作性手冊。

建議 5：溝通讓女孩更自立

父母對女孩獨立性的培養應該成為生活常態的一部分。言語的力量是強大的，父母對孩子的言語的影響力更為強大。父母的言語中所流露出的信息對塑造女孩的獨立性具有非常重要的價值。

如何通過言語溝通來鼓勵女孩的自立呢？在《如何說，孩子才會聽；如何聽，孩子才會說》一書中，作者給出了一些很實用的方法技巧，下面就是其中的三個：

第一，讓孩子自己做出選擇。父母所提供的選擇要適合孩子的發展水平和能力水平，在幼兒時間，吃什麼穿什麼，孩子可以先在父母劃定的範圍內進行選擇，最後過渡到完全自主的選擇。這些選擇給孩子提供了很有價值的練習機會，這種練習對孩子將來的職業、婚戀等選擇都大有裨益。

第二，尊重孩子自主的努力。每個人都有一種天生的本能需求 —— 自主地決定自己的生活。孩子也一樣，對於孩子自主生活的努力，父母要採取鼓勵的態度。對於孩子的自主需求，父母應該耐心地花時間指導訓練，提升其自主能力，並逐漸放手讓孩子自主其生活。

第三，別急着告訴答案。許多父母好像都有一種本能，希望能夠回答孩子的任何問題，他們認為回答孩子的問題是增長孩子才智的好機會。事實並非如此。父母有求必應、有問必答看起來好像是給孩子傳遞知識，短時間內也可能會有這種效果，但長期看來，這種做法會會阻礙孩子自己獨立解決問題的能力。

孩子是自己最好的老師。自我教育才是真正的教育。

發現女孩

親愛的讀者朋友，現在您已經踏上 "發現女孩" 之旅，您將有機會從各個方面了解女孩獨特的生理及心理狀況，了解那個看似熟悉、但實際上未必真正了解的女孩世界。

"發現女孩" 之旅分十一個專題，分別介紹女孩十一個方面的特點，我們相信這將有助於您對女孩的了解，有助於女孩的教育與健康成長。

發現女孩之一：
神奇的性激素

一、性激素

性激素是人體內的一種重要化學物質，主要有雄性激素和雌性激素兩大類。性激素在人體內的含量極少，但其作用卻極其巨大。

在女孩體內，湧動着的既有雌性激素，又有雄性激素，只不過因性別不同而水平不同。在青春期階段，女孩體內的雌性激素是男孩的 8-10 倍，男孩體內的雄性激素是女孩的 15 倍。正是因為少量雄性激素的存在，所以在青春期到來時女孩嘴部開始生出一些黑色的、類似鬍鬚的絨毛，這是一種正常現象。雌性激素對女孩的性發育具有非常重要的作用，從某種程度上可以說雌性激素塑造了女孩和女人。

二、性激素與性別形成

性激素在性別的形成與發展過程中發揮着非常重要的作用。在胎兒期，性激素的種類和數量直接決定着性別及諸多性別特徵的形成。

受精卵最初發育成胚胎之時，只有一個尚未發育的看不出性別的中性性腺，男孩女孩在外形上看起來幾乎是完全相同的。到第八週時，男性胚胎收到指令，其睪丸開始大量分泌兩種雄性激素 —— 睪丸酮和繆勒式抑制物質，睪丸酮的作用是促進男性內部生殖器官的發育，而繆勒式抑制特質的作用則是抑制女性內部生殖器官的發育。正是在這兩種激素的作用之下，中性的性腺最終發育為男性生殖系統。在異常情形下，有一些男性胚胎沒有收到分泌以上兩種激素的生物指令，沒有分泌這兩種激素，其性腺將自動發育為女性生殖系統。正常情形下，女性胚胎不會收到這種指令，也不會分泌以上兩種激素，胚胎的性腺將自動發育為女性生殖系統。因此，在生理學上，女性又被稱作為 "默認的性別"。

如果母親在懷孕期間體內含有較高水平的雄性激素，女性胎兒出生後更容易表現出一些男性化的特點，因此，醫生往往建議孕婦不要服用各類含有性激素的藥物。

三、性激素與大腦

在胎兒時期，高濃度的雌性激素還改變女孩大腦的結構，走上與男孩不同的發展道路。

一是加強了連接大腦兩半球的神經纖維 —— 胼胝體的連接效果，增強了大腦左右半球之間的聯繫，從而使女孩的兩個半球較為均勢，而男孩的左半球真正成為優勢半球。

二是使女孩的語言功能較為均衡地分佈在兩個腦半球，而男孩的語言功能主要定位於左半球。

三是改變了大腦的發展順序，女孩與語言相關的腦區發展快於男孩，而男孩與空間和運動有關的腦區快於女孩。

四、性激素與青春期

在青春期開始時，女性體內的雌性激素水平迅速上升，啟動了青春期發育的進程。雌性激素水平的上升，加速了女孩第一性徵和第二性徵的出現。

在第一性徵方面，雌性激素刺激女孩的性生殖器官（如陰道、子宮等）迅速發育成熟。

在第二性徵方面，雌性激素刺激並維持女性的第二性徵，使脂肪和毛髮分佈具女性特徵，乳腺發達、產生乳暈、骨盆寬大等，女孩在身體外形上呈現迷人的"S"形曲線。

2

愛與性的困惑

2004 年，我（孫雲曉）在與張引墨合作《藏在書包裹的玫瑰》一書時，一些過早發生性行為的少女給我留下了深刻的印象，她們內心的困惑與迷茫、痛苦與掙扎，讓我意識到，男孩和女孩在愛與性的關係理解上好像是不一樣的。男孩好像很容易接受性行為，很少因發生了性行為而痛苦，而女孩則對性抱着更加矛盾複雜的態度，發生初次性行為後常常會內疚和自責。很多女孩在還沒有弄清楚性是什麼、愛是什麼的時候，陷入了愛與性交織的泥淖。她們抱着懷疑的態度走向性，其中有一些為此付出了沉重的代價。

　　我們認識到女性，尤其是青春期的女孩，在愛與性面前面臨更多的困惑，這也得到了研究的證實。

情感背叛讓女生更痛苦

　　進化心理學認為：男性和女性在配偶關係中關注的重點是不同的，男女兩性可能以不同的方式體驗兩性關係中的危機。

　　1992 年，美國心理學家大衛‧巴斯等人設計了一系列的研究，目的是了解男女兩性對 "性背叛" 和 "情感背叛" 的痛苦程度是否存在性別差異。下面是他們設計的兩個研究 [1]，[2]：

研究一：讓 202 名大學生對以下的兩種情境進行思考並做出選擇：

情境 1

　　請設想一種非常忠誠的浪漫關係，可以是你曾經經歷過的、現在擁有的或是將要得到的；而你卻發現你的忠誠伴侶卻對別人感興趣。下面哪一種情況會使你感到更加痛苦或是心煩意亂：

　　A —— 設想你的伴侶對那人產生了很深的情感依戀。

　　B —— 設想你的伴侶對那人有了性關係。

① D.M. Buss, R.J. Larsen, D. Westen, J.Semmelroth.(1992). *Sex differences in Jealousy: Evolution*, physiology, and psychology. Psychological Science.

② 拉里‧謝弗等，普通心理學研究故事，世界圖書出版公司，2007 年。

情境 2

請設想一種非常忠誠的浪漫關係，可以是你曾經經歷過的、現在擁有的或是將要得到的；而你卻發現你的忠誠伴侶卻對別人感興趣。下面哪一種情況會使你感到更加痛苦或是心煩意亂：

A —— 設想你的伴侶對那人嘗試了不同的性交體位。

B —— 設想你的伴侶深深地愛上了那個人。

結果：對於第一種情境，60% 的男性認為性背叛使他們更加痛苦，而只有 17% 的女性這樣認為，83% 的女性認為情感背叛使她們更痛苦。對於第二種情境，45% 的男性認為性背叛使他們更加痛苦，而只有 13% 的女性這樣認為。

結論：男性認為性背叛更痛苦，女性認為情感背叛更痛苦。

研究二：給 55 名男女大學生戴上三種生理測量儀器。

在被試者右手手指上固定一個電極，以測量皮膚電的振幅變化，目的是測量被試者的生理喚醒水平。在被試者右手拇指上固定一個儀器，用來測量每分鐘的脈搏次數。第三個儀器用來測量面部眉毛部位肌肉的電活動振幅，它與消極情緒的表現密切相關。

戴好儀器後，研究者要求被試者躺在一個舒適的躺椅上放鬆身體，在實驗正式開始前先放鬆五分鐘。被試者獨自待在一個房間裏，實驗者通過對講機發佈實驗提示，要進行的想像任務說明書以書面形式呈現給被試者。

實驗正式開始。實驗者要求被試者想像三種不同的情境，第一種情境是一種中性情境，讓被試想像他們走在上學的路上，感覺既不好也不壞。待其頭腦中形成清晰的情景後，被試者通過按鍵向實驗者示意，所有儀器開始記錄按鍵後 20 秒內的生理反應記錄。第二和第三種情境是情感背叛情境和性背叛情境，並同樣做好生理反應記錄。為了平衡實驗順序的影響，半數被試者先想像情感背叛情境，再想像性背叛情境，另外半數被試者則先想像性背叛情境，再想像情感背叛情境。每段想像情境結束之後，被試有 30 秒的放鬆時間。

結果：（1）皮膚電：男性在想像性背叛時的皮膚電活動顯著高於想像情感背叛情境時的反應。與此相反，女性想像情感背叛時的皮膚電活動水平顯著高於性背叛；（2）脈搏：男性在想像性背叛時的脈搏水平顯著高於情感背叛時的水平，女性在情感背叛時的脈搏水平顯著高於性背叛的水平；（3）肌電：男性在性背叛情境中具有較高水平的肌電，女性在情感背叛中具有較高水平的肌電，但其差異未達到統計學上的顯著水平。

結論：男性比女性更容易產生性嫉妒，女性比男性更容易產生情感嫉妒。

除了美國以外，巴斯以及其他研究者還比較了荷蘭、德國、日本、韓國等國家的男女在性嫉妒和情感嫉妒上的差異，結果同樣支持上述結論：男性會產生更多的性嫉妒，女性產生更多的情感嫉妒。

或許正是由於女孩或女性更看重兩性關係中的情感，她們容易把愛與性融為一體，因此她們無法像男性那樣單純地看待性，並更常為此困惑和痛苦。

女孩的初次性行為並非出於自願

　　17歲的少女蔓菱正讀高三，在繪畫補習班裏，認識了一個男孩。因為住的近，兩人經常一起回家，漸漸熟悉起來。一次，男孩騎着摩托車到蔓菱家的胡同口，打電話給蔓菱，說自己路過這裏，順便來看看她。從那一刻起，蔓菱覺得自己喜歡上了他。

　　男孩高大帥氣，而且很要強，兩人一起複習準備高考，他經常鼓勵蔓菱，幫蔓菱補英語，有時還會用老師般的口氣教育蔓菱，這讓蔓菱覺得特別幸福。蔓菱甚至覺得再也沒有一個男人會對自己這麼好了。

　　寒假時，兩人一起去男孩的哥哥家玩。哥哥移民加拿大了，房子空着。兩人一起做飯、看影碟，有好幾次兩人差點發生性關係。蔓菱覺得不行，拒絕了幾次。但是後來，蔓菱覺得兩個人關係這麼好，這麼親，沒法再拒絕。

　　回憶起第一次發生性行為的感受，蔓菱覺得自己完全是被動的，被迫的成分更多。蔓菱說："我和他好，只想摟他一下或抱一下，但他的要求更多……我更喜歡和他相處，並不是想和他做這件事，但為了他更高興，我還是與他做了。"

　　發生了這件事，蔓菱一直覺得很不好。因為蔓菱所受的家教讓她覺得，只有嫁給誰，才能和誰發生性行為。蔓菱怕有人會知道這件事，心裏背負了沉沉的包袱。

在許多訪談中可以發現，女孩們經常覺得自己是被男孩拖到性方面去的。在發生初次性行為之前，女孩的心理往往是矛盾的、猶豫的，不知道是否應該因為愛而跨越性的門檻。一些戀愛中的女孩，還根本沒有做好發生性關係的準備，或者根本不願意進行過早的性行為，但在男友的不斷要求下，尤其是男友提出斷絕戀愛關係時，抱着"喜歡他就要為他付出"的念頭，不情願地發生了性關係，事後又非常後悔和自責。

還有的女孩甚至來不及認真想想自己的感情，由於"好奇"或者"不知道該如何拒絕"而發生了性行為。這種經歷對她們的心靈衝擊更加強烈，一些女孩因此自暴自棄，不再珍惜自己，甚至以為，反正都已經發生過了，再做什麼都無所謂，隨便幾個男朋友都無所謂。其中一位已經考入名牌大學的女生說，即使為錢去做"雞"也無所謂！

大多數女孩對第一次性行為的回憶並不積極：

➢ 女孩子特別容易被甜言蜜語打動，經不起那些好聽的。當時就以為兩人若相愛，必然會有這件事情。自己也確實喜歡他，覺得拒絕他對他打擊很大。（高三）

➢ 當時好像是夏天，穿得也不多，兩人一起打打鬧鬧，一起睡覺，當時也沒想到會發生什麼……當時我有點半昏迷狀態，只是儘量讓自己不要去想，既然已經這樣了，就來吧。我挺震驚的，我的第一次就這樣沒有了。（高二）

➢ 第一次發生性關係不能說是自願，心裏有一點好奇，也不想拒絕。其實，在發生這件事之前，我是一個很單純的人，我以為，我只有嫁給這個人，才會和他發生這種關係，我覺得我們以後肯定會在一起的，所以才這樣，但事實上不是這樣。（高一）

研究證實[1]：許多女孩的第一次性行為往往並非出於自願。在發生初次性行為以後，女孩的心理是複雜的，往往摻雜着後悔、自責和擔心，因為社會對女性的婚前性行為的寬容度遠遠比不上男性，而且女孩更害怕性行為可能導致的懷孕。

很多在猶豫中發生初次性行為的女孩，她們原有的愛情觀和婚姻觀，往往面臨被顛覆的危險。她們與男友的這種關係往往很短暫，很少有美好的未來，這讓女孩們開始懷疑愛情，懷疑自己能否在未來擁有一段長久的關係。還記得上面提到的那個叫蔓菱的高三女孩嗎？

蔓菱與男友的關係在不久之後也開始危機四伏，但蔓菱還努力維持着關係，蔓菱說：“可能是因為他是我的第一次。”事實上，蔓菱更加擔心，今後找到一個自己真正喜歡的男生，而他會因為這件事而對自己有看法。

① 勞倫斯・斯騰伯格著，戴俊毅譯：青春期，上海社會科學院出版社，2007 年。

性行為之後，男孩會更愛她嗎？

　　或許是受到太多電影電視劇的影響，今天的青少年似乎都以為，戀愛到一定程度就只能是性。尤其對於許多女孩來說，"愛"是發生性行為最好的理由，性不僅成了愛的證明，她們更期待，有了性行為之後，男孩會更愛自己。為了得到她們喜歡的那個人的感情，她們往往願意做任何事情。但事實上，男孩和女孩在對愛與性的理解上存在明顯的差異。

　　➤　在戀愛過程中，女孩比男孩更為看重情感聯繫，即使在普通的人際關係中，女孩體驗到的親密感也要比男孩子多[1]。

　　➤　男孩的第一次性行為往往是雄性激素引發的生理衝動所致，而女孩的第一次性行為的背後除了生理驅動以外，還包含着更多的情感因素。

　　➤　美國的研究表明[2]，青少年第一次性行為的原因存在顯著的性別差異。男青少年中有 51% 認為是好奇和性的愉悅，有 25% 認為是由對伴侶的愛引起的；在女青少年中，結果正好相反：大約 50% 的把原因歸於對伴侶的愛，25% 歸之於好奇和性的愉悅。

---

① 張文新，青少年心理發展，山東人民出版社，2002 年。

② Michael,R.T., Gagnon,J.H., Laumann.E.O., & Kolata,G.(1994), Sex in American,Boston:Little,Brown.

➤　研究表明，男孩或男性往往把性與愛區別對待，他們不太在乎自己第一次與之發生性關係的女孩是否是自己真正喜歡的，而對女性來說，愛往往是發生性關係的前提 [1]。

由於男女兩性對愛與性的認識是不一樣的 —— 對青春期男孩而言，性與愛往往是分開的，而對青春期女孩而言，愛與性往往是融為一體的，在戀愛過程中，女孩常常面臨更多愛與性的困惑，她需要更好地把握愛與性的平衡。

高三女生海礫說：

發生性關係之後，當時我的感覺就是已經把最珍貴的東西給了這個人，感情陡然之間就會緊張起來。我們的感情完全是斷送在這方面。自己當時就像個小孩兒，我把我最重要的東西給了你，那你就要負責任。我無論怎麼發脾氣，我的行為不論怎麼越軌，出什麼問題，你都必須容忍。你不容忍就是你的不仁義，你的不道德。你必須容忍我，你沒有第二條路可以走。所以會非常 "較勁"，好多事為這個所累，越來越沉重，互相的傷害越來越多，終於再也無法相處下去。

我曾經想過用什麼方式留住他，我覺得他需要我，哪怕他不需要我這個人，只需要我的身體，我也會在他身邊。但是沒用，一點意義都沒有。一個女孩若是那樣就太沒有自己的價值了，因為你已經不是在愛而是在妥協了。

澳大利亞的少女問題專家貝林達‧漢福特的觀點，有助於我們分析這

---

① 張文新，青少年心理發展，山東人民出版社，2002。

個女孩的經歷。漢福特在《這是女孩子的事》一書中指出：在戀愛中過早地發生性關係，反而會阻礙你們進一步的相戀。為了得到愉快而健康的戀情，你們需要時間去一起玩樂，相互理解和學會照顧對方。海礫和男友在還沒有學會如何去愛的時候，就過早地做出決定，跨越神聖的防線，完全沒有預料到性會給自己的情感帶來多大的衝擊，以他們的年齡和閱歷完全無法把握，無法左右，結果造成兩個彼此喜歡的人相互傷害，最終分開。

　　弄清楚愛與性的關係從來都不是一件容易的事情，對於缺乏經驗和人生閱歷的青春期女孩來說，毫無疑問會更感困惑。

女孩更渴望親密關係

　　大量對女孩的訪談發現，許多女孩發生性行為是出於對愛的強烈渴望。在兩性關係中，女孩需要的更多是溫暖或關心，希望有人能用臂膀環住她們，希望享受兩個人皮膚相觸的感覺，並不是真正想要性交。

　　縈縈的經歷特別值得父母們反思。

　　縈縈的母親在她七歲時去世了，爸爸再婚，繼母帶來了一個比她小一歲的妹妹。經此變故，小時候活潑開朗的她變得有點孤僻。她有時會與妹妹發生衝突，兩個人打架，父母親會怪罪她。氣極了，她曾給爸爸寫過一封很絕情的信。爸爸說她把家當成了一個旅館，一個提供學費、吃飯睡覺的地方，凡事都不溝通。

　　高中時，縈縈一心想做一名女藝術家，對攝影特別感興趣。高二那年，她認識了學校攝影小組的指導老師。獨處時，31歲的男老師邀請她去他那玩，教她拍一些東西。

　　元旦晚會上，縈縈喝醉了酒，沉迷在羅丹和他的情人卡米爾的故事中不能自拔。當時縈縈在學校住宿，喝得迷迷糊糊的她撥通了攝影老師的電話，問他元旦是否有空，想找他去玩。當天晚上，攝影老師就開車把她接到他家裏，晚上兩個人睡在一起。後來，他們發生了性行為，仍在讀高中的縈縈經常在晚上到攝影老師的家裏。縈縈說："有時候一星期見一次，有時候一星期會見三次面。"

縈縈說，她喜歡年齡比自己大的人，他的年齡特別容易征服自己。縈縈特別喜歡他抱着自己，很溫暖。談到為什麼會跟他發生性關係，縈縈說："我只是需要一種溫暖，我希望他能愛我。"

很快，縈縈就發現，自己只是他生活中極小的一部分，他們的關係在持續了 9 個月 17 天後結束了。但是這段關係對縈縈的傷害才剛剛開始。縈縈經常覺得自己就像一隻"雞"，"我不相信愛情了，只是喜歡這個遊戲。……我知道了男人的目的是什麼，我開始會和他們玩感情遊戲了，而且比他們更會玩。"縈縈特別想去找心理醫生，她說自己"需要一個特別溫暖的地方"。

從縈縈的故事中我們會發現，對"溫暖"的渴求，使她不假思考地陷入兩性關係中，而這與她童年的家庭經歷有着深刻的關係。縈縈童年的情感支持系統是非常脆弱的，親生母親去世，與父親以及繼母關係冷漠，令縈縈極度缺乏安全感，因此她迫切地想要在家庭之外獲得愛，找到溫暖，以致於她輕易地發生了性行為。

事實上，不只是童年缺少溫暖的縈縈如此渴望親密的情感，許多女孩都表現出她們對親密關係的強烈渴望。女孩渴望與他人有親密的關係，這會讓她們有生活美好的感覺。一些研究者發現，女性對於親密情感的強烈需求是有生物基礎的。美國格里安研究所的研究人員發現，流經女性大腦的血量比流經男性大腦的血量多了 15%，並且流經大腦的區域比男性更廣，這使得女性的大腦比男性大腦有更多活躍的區域，即使在休息時，她們的大腦的血液循環仍很活躍。女性不停活動的大腦，急需獲得在人際交往、親密情感方面的刺激，因為親密情感的刺激對她們的大腦來說是最有挑戰性、最有成就感的事情。

賓夕法尼亞州大學的神經科學家魯賓‧格爾和他的妻子發現了一些有意思的結論，當他們請男性和女性清空自己的大腦思維時，女性大腦的邊緣系統血液循環仍很活躍，比男性活躍；有更多女性大腦的血液向上流到大腦皮層的四葉，說明認知和相關的思維仍然很活躍；較少女性大腦的血液向下流向腦幹，腦幹與危險直覺有關。男性與女性則不同，他們大腦中的血液更多流向與跳躍或打架有關的區域，而較少流向思維、情感和關係處理的複雜區域。格爾夫婦還發現，由於女性和男性大腦血液循環的不同，女性的大腦甚至能更容易判斷出人臉上的表情。

格里安認為，這些大腦上的不同之處使得男性和女性表現出顯著的不同。女性的大腦在創造複雜、親密的人際關係網上佔有優勢。不管是在面部表情的辨認，對複雜人際關係的追求，對事物的關注，還是在對人際關係的洞察方面，女性的大腦以男性大腦所不具有的方式，創造並參與到人與人的親密接觸中[1]。

此外，大腦結構上的不同，也讓我們看到女孩和男孩對親密情感需求上的不同。格里安認為，女性大腦中有幾個結構是“關係中心”。

➤ 色帶環繞的腦迴。位於大腦的邊緣系統，女性大腦色帶環繞的

---

① 邁克爾‧格里安，女孩是天賜的，遼寧教育出版社，2003 年。

腦迴的活性比男性的強。神經科學家保羅·麥克里恩的研究發現，大腦的這部分結構與女性對嬰兒哭聲的反應有關。如果大腦中缺少這一部分，母親就不會對嬰兒的啼哭產生反應。女性大腦中有很多的血液流過色帶環繞的腦迴，即使是在她們休息的時候，這使得她們的“憐憫之情”更甚。

➤ 催產素。催產素的活性與色帶環繞的腦迴一樣，讓我們可以看清女孩大腦的複雜性。所謂“母性的本能”，其實是催產素作用的結果。當女孩聽到遠處或身邊有嬰兒哭聲時，她體內的催產素水平變化很大，而男性催產素水平的改變極其微小。

➤ 海馬。位於大腦的邊緣系統，它與記憶的存儲有關，能夠調節情感、記憶情感。女性大腦的海馬更發達，有更多的血液和神經通路，所以女孩比男孩有更多的情感記憶。她們的記憶是與更多的感性材料相聯繫的，親密情感往往成為記憶的主要內容。

女性對親密關係的需要，與女性的荷爾蒙也有很大關係，尤其是雌激素，它是一種“親近的”荷爾蒙，使得女性對自己感覺不錯，並為自己擁有親密關係而高興，同時對生活充滿了熱情。

女性體內的生物化學因素，決定了她們對情感和戀愛關係的需求有着與男性不同的地方。

兩性差異背後的深層原因

男女性心理差異首先必然有其生理基礎，男孩對性的最初興趣，主要是受到雄性激素，特別是睾丸酮的影響，而女孩最初的性興趣，除了受到雄性激素的影響，還受到雌性激素的影響。雄性激素分泌的增多會提升女孩對性的興趣，雌性激素的增多能增強女孩對於男孩性要求的感受能力。

特別需要指出的是，與男孩相比，社會因素對於女孩是否發生性行為的影響力要大得多。女孩跟男孩一樣有性興趣和性動機，但是這種興趣和動機是否轉化為實際行為，更多地受社會環境的控制。如果女孩所處的社會環境（包括家庭和學校）不贊成過早性行為，那麼女孩過早發生性行為的可能性就會降低。相反，如果一個社會對女孩性行為持一種寬容甚至放縱的態度，那麼女孩就極有可能出現過早性行為。

毫無疑問，人是社會性動物，每個人的行為都不可避免地打上社會的烙印。女孩或女性的困惑部分源於我們的社會，許多社會（包括中國當代社會）存在雙重標準，這對女性的困惑具有重要的影響。雙重標準是社會用兩套不同的標準來評價男性和女性的行為。在性方面，許多社會對男性是更寬容的，對女性則是更苛刻的，對男性來說是適當的行為（如婚前性行為）對女性來說就不那麼合適了。

社會學家李銀河分析認為：

在我們這個持續了幾千年的男權制社會中，在性規範上盛行男女的雙重標準。這個雙重標準用通俗的語言來表述就是：男人的性活動越多越好，女人的性活動越少越好。

對男人的性活動，人們永遠給予正面的評價，如果一個男人有很多性經驗，那只能說明他有錢、有權、有閒、有魅力甚至是身體好；對於女人的性活動，人們卻永遠給予負面的評價，如果一個女人有很多性經驗，則說明她輕賤、放蕩、不知廉恥，人們會無情地將她唾棄。

在一椿明明是雙方都受益、都喜歡、都自願實行的行為中，傳統的觀念卻認定一方受益另一方吃虧，這就是性行為的賺賠邏輯。男權社會盛行了幾千年的賺賠邏輯認定，在性行為中，男方是賺，女方是賠。男人要是搞了一個女人，他就是賺了；女人要是搞了一個男人，她就是賠了。由於所有的人都這樣想，而且這樣想了太長的時間，這個賺賠邏輯已經成了天經地義，已經成了不爭的事實。

對社會來說，男孩早一些發生性行為，似乎不是什麼大不了的事情。有些男孩，甚至包括男孩父母，有可能認為這是一件"佔便宜"的事情。我們這個社會，一般不會縱容男孩的性行為，但基本上會寬容男孩沒有愛的性行為。

一個初二男生表示：

你若和一個女孩有了這種（性）關係，大家會羨慕你的，有一種虛榮心。

對女孩就不一樣了，社會上的許多人會以一種不同的眼光看待女孩，甚至用一些侮辱性的詞語形容她們的行為，有些女孩的父母也會為此感到羞恥。這種看法的存在，使許多女孩會本能地去疑問：社會為什麼對女孩如此苛刻？雙重標準的存在，加深了女孩對愛與性關係的困惑。

培養女孩好榜樣：我的經驗

在下面這個我親身經歷的事情中，我（孫雲曉）承擔了一個 "父親" 的
角色，讓一個陷入愛與性泥沼的青春女孩走了出來。

很多年以前的一天，我收到了一封來自西部的特快專遞。由於為青少年
寫作的緣故，我曾陸續收到幾萬封中學生來信，並盡力回信上千封。可
是，實在無法一一覆信，這讓我遺憾和不安，愧對那些信任我的少男少
女。但是，這封西部少女的信，讓我不能不立即回覆。

名叫 "雨" 的少女正讀高三。她寫道：

我有一件重要的事情與您商量：我愛上我的語文老師了！我能有今天的
進步，都是他幫助的結果。如今，他的妻子去世了，我決定放棄高考，
畢業後與他生活在一起。雖然，他的年齡比我父親還大，我要做許廣
平。在做出最後決定之前，我想聽聽您的意見……

"雨" 與我通信一年多了。我知道，這是一個才思敏捷而又勇敢自信的
女孩，為了一家三口的幸福，她居然支持父母離了婚。不過，她的新計
劃還是讓我吃驚。

讀罷 "雨" 充滿困惑的來信。我寫了一封長信給她，大意如下：

我相信你的感情是純潔的，我也相信你的語文老師是一位好教師。在你這個年齡產生這樣的情感，不僅是正常的，甚至是令人感動的。

不過，我勸你心動不要行動。

生活就像藍天，而你是一隻小鳥，小鳥只有展翅飛翔，才知道世界有多麼遼闊。如果你連飛都不曾體驗，或許有一天你會後悔。人生閱歷告訴我，在中學時代，你可能瘋狂地喜歡或愛上某個人，但沒過多久你又可能罵自己：我昏了頭了，我瞎了眼了，我怎麼喜歡他？

我建議你靜下心來在高考中一搏，這是你一生中極為難得也極為關鍵的一次機會。我祝福你考上大學，到外面的世界闖蕩一番。假若到那個時候，你還是認定這位語文教師是你的最愛，我就支持你嫁給他……

讓我欣慰的是，"雨" 反覆看了我的回信多遍，終於接受了我的忠告，並且幸運地成為一名大學生。一年後，"雨" 來信透露，她在大學裏獲得了從未體驗過的熾熱愛情。畢業後，"雨" 隨男友去了江南，婚後幸福得如癡如醉。

應對愛與性的 5 個建議

在處理女孩愛與性的困惑上,父母發揮着獨特的、不可替代的作用。如果一個青春期女孩能夠從父母那裏得到足夠多的溫暖,女孩早戀的可能性就會降低,她就會有更多的準備來應對愛與性的困惑。女孩準備得越充分,她把握自身理智與情感平衡的能力就越強,就越不容易在愛與性的困惑上做出不當的選擇。

建議 1:讓女孩的生活充滿愛意

我渴望撫摸,我覺得撫摸有一種溫柔的力量,能讓人安靜下來。我不記得小時候父母是否給過我很多親吻和擁抱,就記得小時候去一個阿姨家玩,晚上和她的小女兒一起睡覺,阿姨給我們關燈之前吻了我和她女兒的額頭一下。我當時心裏有種說不出的溫暖,因為我媽媽從沒有那麼溫柔地吻過我的額頭。

父母之愛猶如陽光,是孩子成長不可或缺的精神支柱。父母之愛不僅要體現在教子做人方面,也需要細緻的親情關懷。比如,親吻、擁抱、撫摸、牽手,都是親情的必修課,切不可讓孩子成為情感孤兒。父母要形成一些表達感情的習慣:

➤ 下班或出差回到家，給女兒一個擁抱；

➤ 當女兒哭泣時，緊緊地擁抱她；

➤ 當女兒想說話時，認真地與她交談；

➤ 當女兒情緒低落時，送給她一個小禮物，或一張溫馨的卡片；

➤ 陪她一起做她喜愛的運動。

如果父母，特別是父親能一直給予女孩接納、關愛和溫暖的擁抱，那麼也許她們就不會那麼迫切地到兩性關係中去尋找溫暖了。

建議 2：讓女孩知道父母彼此相愛

父母間彼此相愛是孩子安全感的最大來源。中國青少年研究中心連續十年對全國 6～14 歲少年兒童的調查顯示，對孩子們來說人生最大的幸福是 "有溫暖的家"。孩子們是在家中學會愛，不僅從父母如何愛孩子來學習，更需要看到父母雙方是如何彼此相愛。

如果孩子從未在家庭中看到過愛的榜樣，他們不知道怎樣去愛，也會深深地害怕自己永遠找不到愛，所以非常容易早早地陷入由性關係所帶來的親密感之中。我們知道，這並不是真正的愛，而只是愛的廉價仿製品。

愛是一種行動。父母彼此相愛，並讓孩子知道，就是對孩子最好的愛的示範和教育。

建議 3：父親要引導女兒度過青春期

在處理女孩愛與性的困惑上，父母發揮着獨特的作用。如果一個青春期女孩能夠從父母那裏得到足夠多的溫暖，女孩早戀的可能性就會降低，她就會有更多的準備來應對愛與性的困惑。女孩準備得越充分，她把握自身理智與情感平衡的能力就越強，就越不容易在愛與性的困惑上做出不當的選擇。

當女兒進入青春期，在許多家庭中，常常會出現父親逐漸遠離女兒的現象。女兒不會再整天黏在父親的懷抱裏，父親也對女兒突然發育的身體感到陌生和不知所措，父女之間很少再有親密的身體接觸。但這時候，女兒在情感上仍然非常需要父親的關愛。一些研究者發現，女孩子喜歡父親在其青春期的整個過程中給予她們關愛，這使她們具有更多的信心，並且能夠更好地完成學業。

當女兒進入青春期後，父親可以找到新的方式來與女兒保持交流。一起運動是很好的選擇，比如父親可以和女兒一起跑步，陪她打球，或者進行其他運動。有時候父親也可以叫上女兒一起做家務，幫忙修理東西等等。總之，父親要盡可能創造機會與女兒相處，即使沒有時間陪女兒共同活動，也可以在晚飯後陪她看一會兒電視，或者坐下來認真聽聽她的想法。

建議 4：共同制定家庭規則，嚴格執行

沒有規則的家庭是無序的，在無序的家庭中成長的女孩，往往缺少自律精神，沒有明確的異性交往界限，因此更加容易過早地陷入不情願的性關係中。父母有責任為女孩創造有序的家庭環境，要為女孩制定明確的家庭規則，尤其是有關朋友交往的規則，她和她的朋友們必須嚴格遵守。比如：

> 要求女孩明確說明下課後或週末去哪裏、跟誰在一起;
> 規定每天最晚回家時間;
> 邀請異性朋友到家裏玩時,不能把房間的門關上。

在制定家庭規則時,父母要與女兒一起商量,這樣才能更好地了解孩子的需要,也讓孩子理解規則背後的價值觀。要維護規則的嚴肅性和約束效力,一旦違反,就要接受相應懲罰。

建議5:確保女孩知道如何對男孩的性要求說"不"

青春期的男孩和女孩對雙方都有很強的吸引力,也有很高的期望,但他們彼此之間的差別也很大,他們對愛情的理解和渴望也不盡相同。女孩希望男友能溫柔體貼,能理解她、擁抱她、愛撫她,能和他說說自己的感受和問題,想整日和他呆在一起。青春期的男孩則有更強烈的性渴望,有時候他只想和女友親熱而不去想別的。對這些問題認識思考得越多,想得越清楚,女孩越不容易盲目做出令自己後悔的決定,青春期女孩要學會做"行動上的矮子,思想上的巨人"。

父母要讓女孩明白,在性的問題上,她不必去遷就任何人,不能被任何人催促和強迫。性是一種特別美好的、一生中都很重要的事情。在她們的一生中,還有很長的時間供她們支配。因此,在這種關係中,沒有所謂錯過的機會,有時我們只要往後推一推,去等待更好的機會。這種認識會給女孩以安全感。

父母要讓女孩相信,真正愛你的人會尊重你的感受。如果男朋友要求女孩與他發生性關係,以愛作藉口,或者以離開相威脅,那麼女孩要知道

如何堅決地說 "NO"。

➢ 如果你愛我，就要尊重我的感受，不要強迫我做一些我不願意做的事情；
➢ 我愛你，但我選擇用另一種方法來告訴你；
➢ 用你的理解和尊重來證明你有多愛我。

我們要讓青春期女孩認識到：真愛值得等待，真愛能經受住時間的考驗；如果一個男孩真心愛你，那麼他不會在乎這一時半會，他能夠等待真正甜蜜時刻的到來。

知識鏈接：愛情（性）心理發展

美國心理學家赫洛克把青春期的愛情（性）心理發育分為 4 個時期：

1. 反感期（疏遠期）（11-14 歲）；
2. 嚮往年長異性的牛犢戀期（14-16 歲）；
3. 接近異性的狂熱期（17-19 歲）；
4. 浪漫的戀愛期（20 歲以後）。

發現女孩之二：
女孩的大腦

曾對愛因斯坦的大腦做過深入研究的神經系統專家桑德拉‧懷特森認為，人腦是個具有性別特徵的器官。女孩的大腦在諸多方面與男孩不一樣。

一、不一樣的大腦結構

人類大腦由左右兩個半球組成，通常左半球主要負責語言和推理，右半球主要負責運動、情感以及空間關係。聯繫兩個半球的是一組神經纖維，被稱作胼胝體。胼胝體雖然不是大腦兩半球之間的唯一聯繫，但卻是最重要的聯繫，它起着溝通和協調大腦左右半球的作用。研究表明，男女兩性的胼胝體在形狀、大小以及大腦偏側化方面存在顯著差別。

研究發現：女性的胼胝體體積大於男性，女性兩半球之間的聯繫更加緊密。1982 年，美國科學家在《科學》上撰文指出 [1]，大腦胼胝體在尾部存在着男女差別，女性胼胝體尾部呈球狀，男性胼胝體尾部大致呈圓柱

---

[1] 張田勘，解析大腦的性別，中國婦女報，2004 年 7 月 13 日。

形。科學家們曾用掃描手段研究過 146 名健康成人的大腦，發現男女兩性在胼胝體形狀方面存在很大的差異，女性胼胝體後 1/5 的部位多呈球形，而男性的多呈管狀[1]。

男性大腦更加單側化，而女性大腦較為雙側化，兩半球發展較為均衡[2]。一項使用腦功能核磁共振成像技術的研究表明[3]，男性的左顳葉要比右顳葉大 38%，而女性的顳葉沒有發現這種不對稱。在聽覺聯合皮層特定區域裏，單位體積中的神經細胞的數量存在性別差異，女性單位體積內的神經細胞數量要比男性多 11%，因此，在大腦的這一區域中，女性大腦神經細胞的密度要明顯高於男性。

二、不一樣的大腦內容物

男女在大腦的內容物上也存在一些差異。大腦組織主要由灰質和白質組成，當然還有必不可缺的水分。灰質由神經細胞組成，而白質主要是由神經纖維組成。男女大腦在灰質、白質和水分成分方面都存在差異。女性的大腦比男性要多出 15% 的灰色物質，這些物質主管人類的思維，這就說明為什麼女性天生就具有強大的語言優勢；而男性的大腦含有更多的白色物質，這些物質主要負責腦細胞之間的聯絡以及神經衝動在大腦和四肢及軀體之間的傳遞，所以男性生來就具有強大的空間感知能力。男性大腦的含水量更大，充滿着更多的液體，這些液體能幫助男性緩衝來自各種外部世界的衝撞，減少了男性大腦受到意外傷害的危險。

---

① 胡玉華，大腦左右半球的性別差異，北京教育學院學報，2002 年第 9 期。
② 同上。
③ 同上。

不一樣的大腦，對女孩意味着什麼？

在從事某些工作時，女性往往同時使用大腦的兩側，而男性往往一次只用一側。女孩可以用兩側腦半球同時思考，而男孩往往只用一側腦半球思考。

大腦兩半球之間更緊密的聯繫給女性帶來了一些優勢。同樣經歷中風，與男性相比，女性恢復得更快，恢復得也更徹底。當女性的大腦一個半球受到損傷時，另外一個半球往往能夠發揮替代作用，而男性通常沒有那麼幸運。

男孩和女孩大腦的差異部分解釋了為什麼女孩語言能力更佳，而男孩數學能力更強。這是因為女孩的語言中樞比較均衡地分佈在大腦左右兩個半球，而且女孩更擅長那些需要兩個大腦半球共同參與的活動；而數學能力基本上是大腦右半球的功能，所以男孩通常更擅長數學。此外，發達的大腦右半球，使男孩操作各種機械時更為得心應手，他們的動手能力更強。

3

極易失落的
自信心

許多女孩靠整容來提升自信

2010 年 11 月 15 日，一條令人震驚的消息迅速出現在眾多媒體：

王貝 —— 曾經的超女，一個曾與李宇春同台競技的活潑可愛女孩，在醫院實行整容手術時，因失血流入氣管造成窒息，搶救無效死亡。

很多人都很遺憾，更多人感到困惑不解：王貝已經很漂亮了⋯⋯

近幾年，整容低齡化的現象引起了許多媒體的關注。不僅一些剛參加完高考的學生利用假期整容，希望以一個嶄新的形象邁入大學校門，一些十四五歲的初中學生也要求整容。2010 年 4 月 13 日中國新聞網就報道了"15 歲女生要削骨瘦臉"的消息：

一個剛過 15 歲、正讀初二的少女因為不滿意自己方正的國字臉，一直尋思着去整容，要把自己的臉形"削"成瓜子臉。她去諮詢過的整容醫院也極力鼓動她去動手術，說年紀小不是問題，一定會幫她變得漂漂亮亮的。

《寧波晚報》報道，這名女生的媽媽李女士致電該報新聞熱線稱，女兒快要對整容"走火入魔"了，自己和丈夫怎麼勸她也不聽，要不是整容手術費用很高、必須由父母來支付的話，女兒很可能已經跑去整容了，真不知道該怎麼辦才好。

　　寧波大學醫學院附屬醫院整形美容中心的任森洋副主任醫師認為，這名初二女生現在不適合做瘦臉整容手術，因為她只有15歲，骨骼還沒有充分發育。如果她現在做了"削骨"瘦臉手術，很可能會暫時漂亮一段時間，但骨骼發育完全後的效果就很難預測了。目前流傳的"年齡越小整形手術效果越好"的說辭是不可信的。

　　另據《金黔在線》2010年8月26日報道，貴陽一位14歲女孩在媽媽陪伴下到醫院諮詢隆鼻、雙眼皮以及改臉型等整容手術，均被醫生拒絕。此前，廣州有過13歲女孩就隆胸的報道，南京也發生過12歲的女孩割雙眼皮的事情。《大洋健康》援引深圳多家醫院整形科的介紹，每年寒暑假整形的顧客人數都比去年同期增長30~50%，5~6成的整形者是學生。其中，不乏未成年的青少年，甚至低至10歲左右的兒童也會來醫院諮詢整容事宜。在這支未成年整容大軍中，女性佔據絕對多數。英國女童軍的調查發現，年齡在16-21歲的女孩子中有一半會考慮通過整形手術讓自己"更苗條、更漂亮"；年齡在11-16歲的少女考慮接受整形手術的比例為46%。

　　對於整容低齡化現象，留美博士朱燦明顯感到，相比美國，國內整形低齡化來得更早。他在美國做整形醫生5年間，從未接診到25歲以下的患者。

　　許多少女希望通過整容手術來提升自信，獲得更多的關注，獲得更多的發展機遇；還有些女孩是為了與同伴攀比，希望自己更受歡迎。

　　➤　剛參加完高考的小蕾告訴記者，當今社會競爭越來越激烈，要想在激烈地競爭中勝出，就必須使自己在各個方面力求出眾。因此，小蕾打算利用假期對自己臉部不是很滿意的地方進行改造，以一個嶄新的形象邁入大學校門。她說"雖然整容會花費一些精力和財力，可是在大學校園裏，我會變得更加自信。"

➤ 15歲的小萌要求醫生幫她把鼻子隆成章子怡那樣的，原因是想和"班花"一較高下，"同學們說"班花"長得像范冰冰，都捧着她，我除了鼻子不太挺，哪點比她差？"

➤ 一個年僅十歲的女童要割雙眼皮，陪她前來的媽媽比女兒的願望還要迫切，而理由居然是幾個好友的孩子都是雙眼皮。

一些父母還認為，在競爭激烈的職場上，以貌取人已是事實，整形可增強孩子自信，對孩子今後就業、找對象都有好處，可以說是一種長線投資。

未成年少女不適合做整容手術

對有些未成年少女熱衷整容，我們深感憂慮，因為她們並不適合做整容手術。

••• 未發育成熟的身體

未滿 18 歲的孩子，身體尚未發育成熟，還處於長身體的階段，身材和面部都有可能不斷發生變化。值得警惕的是，隨着身體的發育，即使已經做好的整形也有可能發生變化。特別要強調的是，受大量激素分泌的影響，青少年全身各系統處於快速發育過程之中，但是這一階段的面部發育卻相對遲緩。不少青少年的身體雖然已呈成年體型，卻依然有着一張"娃娃臉"。以鼻子發育為例，兒童時期由於鼻背及鼻根部的骨骼尚未完全發育好，外觀看上去鼻樑低平，眼距較寬，這種現象要到青春期後方會有所改變，鼻樑才會逐漸隆起。如果在鼻骨尚未發育完成之前就實施隆鼻手術，植入的人工鼻樑體就有可能會影響鼻子的後期發育。

••• 尚未穩定的心智和審美心態

　　美的標準是主觀的，社會的審美標準是在不斷變化的，環肥燕瘦，都曾是美的標準。以美國為例，在 20 世紀六七十年代，夢露那種豐腴的身體是美的標準，而現在，隨着時尚產業及傳媒的不當宣傳，許多人以瘦為美，追求所謂的 "骨感"，而明天，也許人們會認識到這種審美標準的危害而樹立一種更為健康的審美觀。

　　更重要的是，青春期少女的心智尚未成熟，自身的審美觀正在不斷形成改變之中，審美的標準也極不穩定，極易受到時尚潮流的影響。我們知道，整容手術往往是不可逆的，一旦整容，將來有一天，發現自己不喜歡所整的面容，想恢復原本的容貌已不可能，往往會追悔莫及。

　　因此，專家呼籲，青少年應儘量避免隆乳、吸脂、隆頰等與年齡不適宜的手術。因此，選擇整容手術，一定要等到身體、心智發育成熟以後再行實施。

過度關注外表讓女孩失去自信

　　青春期少女熱衷整容，既讓我們看到了她們對美的追求，同時也反映出了她們自信心的缺乏。不少學者指出，很多少女正是由於缺乏自信心，或是想要以美麗出眾的外貌引人關注，所以才想到整容。英國女童軍的調查結果顯示，年齡在 16 歲以下的少女中，學習成績差的考慮手術美容的人佔 81%，遠遠超過同齡人的平均值。容易失去自信似乎是青春期少女普遍面臨的一個問題：

　　➢　美國的一項調查表明[1]：2/3 的女孩遭受着青春期自信心大幅跌落的痛苦：對自己的情感與評價，一下子變得沒有了把握；另一方面，與童年時代相比，感到突然缺少了自信。她們的注意力集中到了自己的外表和獲得男孩的好感上面，而不是學校的學習上。

　　➢　美國大學婦女協會的一項研究[2]調查了 3000 名兒童，結果發現：女孩到十歲時就已經開始覺醒，並且特別有自我意識。與同齡的男孩相比，她們顯得壓力更小。一旦她們進入青春期，情況就發生了急劇的變化，女

---

① 西爾維婭‧施奈德，陽光女孩：給父母的女孩教育手冊，湖北長江出版社，2006 年。
② 同上。

孩對自己沒有多少自信，同男孩相比，認為自己沒有多少能力，對生活也沒有多大的期望，對自己不滿意的女孩高達 70% 以上。

➢ 針對白人的一項調查表明：在小學時，55% 的男生和 45% 的女生認為自己"在很多方面有專長"；在高中期間性別的差距更大，有 42% 的男生說他們"在很多方面有專長"，只有 23% 的高中女生有此類看法。

➢ 西蒙斯等人的研究[1] 發現：剛步入青春期女孩與男孩相比，她們的自尊水平較低，自我意象較不穩定，她們更可能關注自己的消極面，對自己的能力缺乏信心，常常為他人是否願意與其在一起而擔心。

➢ 布洛克和羅賓斯的研究[2] 發現：總體來說，從兒童期到青春期，男性的自尊趨於增高，女性的自尊趨於降低；與男性相比，女性的自尊到了青春期以後下降的幅度更大。

這些研究發現是否讓您覺得震驚？因為當今的父母大多非常注意從小鼓勵女孩自信，不輸給男孩，進入中學之前，女孩們也的確讓父母覺得自豪，她們自信滿滿，在學校表現出色。而在進入中學之後，女孩的活力和自信卻會出現下降。事實上，如果您知道近年來女孩在各個層次上的學業表現都遠遠優於男孩的時候，會對青春期女孩自信心的失落更感困惑。

在寫作《男孩危機？!》一書時，我們發現，幾乎在每個學齡段，男生的學業表現都落後於女孩。在小學和初中階段，男生在學校的整體表現不如女生，考試成績落後，班隊幹部、三好學生也以女生居多。即使在高中和大學階段，女生的學業優勢依然明顯，高考狀元女生佔到六成多，男生不足四成，大學的國家獎學金獲獎者中女孩人數是男生的兩倍。

① 鄭新蓉，性別與教育，教育科學出版社，2005 年。
② 張文新，青少年心理發展，山東人民出版社，2002 年。

　　很顯然，在青春期，學業表現並不是女孩自信降低的主要因素。很多研究者指出，造成自我價值降低的主要因素是女生對自己身材和相貌的滿意度。研究發現，青少年的身體自尊是其整體自尊的最重要的預測指標。身體自尊對青春期女孩的影響要大於對男孩的影響，青春期女孩的身體自尊要低於男孩[1]。許多女孩對自己的體重和外貌感到不滿，美國佛蒙特大學的心理醫生在一項報告中說，超過 50% 的 13 歲女孩和近 80% 的 17 歲女孩都因為自己的身體而感到不快樂[2]。德國一項面向 9-15 歲學生的調查顯示，對自己外表太過關注的女孩，不能充分發揮她們的優勢。八九歲的女孩幾乎都對自己的樣子感到滿意，但 8 年之後卻僅剩 29% 的女孩仍對自己表示滿意。

① 張文新，青少年心理發展，山東人民出版社，2002 年。
② 西爾維婭·施奈德，陽光女孩：給父母的女孩教育手冊，湖北長江出版社，2006 年。

在生活中女孩的壓力越來越大

　　由於女權主義的積極爭取，傳統女性角色對現代女孩的束縛越來越小，年輕女孩們不必再將自己局限於傳統的家庭主婦角色，她們可以像男孩一樣去追求職業，享受成功。外部世界的束縛其實已大大地減少了，為何到了青春期，她們會過於關心自己的身體形象與魅力呢？

　　對外表的過度關注一方面是由青春期這個人生階段的特殊性決定的，青春期女孩第一次意識到她的身體正在不斷地發生着變化，這難免會讓她覺得驚奇，並有些無所適從。此外，對外表的過度關注也跟社會潮流有關，如今的女孩生活在一個越來越注重外表的環境裏。自孩童時期，女孩們就可能通過芭比娃娃來學習和實踐社會的審美標準，無處不在的時尚雜誌、廣告、電視上的娛樂節目也不停地向她們灌輸現代社會對完美女性的"期待"。西爾維婭・施奈德在《陽光女孩》一書中指出，女性閱讀的時尚雜誌越多，她們就越不喜歡自己，對自己就越不滿。對外貌的否定態度常常會導致自我毀滅，它使人喪失了抵制外界傷害的力量，不相信自己，沒有勇氣也沒有能力對自己的生活負責。西爾維婭・施奈德認為，這是年輕女孩中普遍存在飲食障礙的思想根源[1]。

　　事實上，現代女孩的生活一點也不輕鬆，社會在某些方面對她們的期望越來越高。她們不僅要學業優異，聰明能幹，多才多藝，更要有外表吸引力，最好人人都像演藝明星或時裝模特一樣耀眼出眾，這樣她們才能夠獲得更好的發展。對外表美的追求本來是一件令人愉悅和快樂的事情，但可悲的是，外表的重要性已被過度誇大，有吸引力的外表往往被渲染成為婚姻和職業上快速"成功"的訣竅，社會急功近利的浮躁心態，誤導許多年輕的女孩們去追求表面化、立竿見影的東西，把對未來的美好願望寄託在完美容貌的基礎上，而不是其他更重要的東西，如能力和品格等等。當外表顯得比內心更重要時，我們不得不擔心，這些年輕女孩們對外表的關注越強烈，她們的內心是否就越空虛乏力。

　　女權主義者努力為女性爭取更為平等的社會地位，今天的女孩本應該更加自由地成長，但是在青春期，她們對應該成為什麼樣的女人顯得更加困惑。當青春期女孩開始有意識地考慮社會和男性對女人的期望時，她們只能獲得許多相互矛盾的觀念。由於在整個社會的很多方面，女性仍然屬於"弱勢"性別，因此，對於展示自我、追求成功或者與男孩競爭，女孩面臨着更多的內心壓力和角色衝突。

---

① 西爾維婭·施奈德，陽光女孩：給父母的女孩教育手冊，湖北長江出版社，2006年。

女孩大腦更注重細節

邁克爾·格里安博士認為，青春期女孩自信心的下降，與她們的大腦發育有關。青春期女孩大腦額葉、前額葉以及邊緣系統的生長非常速度，這使她們的抽象思維和情緒情感都得到了很大的發展，道德和精神方面的成長也非常迅速。男孩與之不同，對大腦的正電子發射層析掃描和核磁共振發現，女孩大腦比男孩大腦活動的區域更多。男孩的大腦更傾向於專注於一件事情，他們更傾向於用他們的邏輯去推理，並且他們在做出決定之前不會將一個小細節所涉及的 5 個或 10 個因素放在一起考慮，而女孩往往相反，她們對每一細節都要考慮。考慮得太多的缺點就是，會形成一個沒有主見的自我：一個依賴於別人來替自己做決定的自我，特別是在青春期早期的變化中 [1]。

過度關注外表使青春期女孩的自信極易受到打擊，而且，她們既受到外在社會期望的壓力（其中有許多不正常的、遠遠無法實現的期望），又面臨自身神經系統發育的壓力，她們常常會感覺悲觀、失望，對自己不滿。這一時期也是許多父母最為懼怕的一段時期，因為要幫助她們需要更大的

---

① 邁克爾·格里安，女孩是天賜的，遼寧教育出版社，2003 年。

耐心和技巧。但是父母必須認識到：儘管她們比小時候更加追求獨立和隱私，她們仍然需要來自父母的幫助。

培養女孩好榜樣：
戴卓爾夫人的父親

21 世紀是女性崛起的世紀，早在新千年來臨之際的 2000 年，美國方言學會就把 "她"（she）字推選為 "21 世紀最重要的一個字"。在這個女性崛起的世紀，怎麼樣讓我們的女孩更加自信？

英國前首相戴卓爾夫人的父親的做法值得我們學習：

戴卓爾夫人，世界著名政治家，三次蟬聯首相，以 "鐵娘子" 而聞名於世。在她的成長過程中，父親居功甚偉。

她的父親羅伯茨是英國格蘭文森小城的一家雜貨店主，在經商的同時，積極投身於公益事業和教會活動，在小城的政界中頗有聲望與號召力。瑪格麗特（戴卓爾夫人結婚前的名字）五歲生日時，父親就送給她一段話作為禮物："孩子，你要記住 —— 凡事要有自己的主見，用自己的大腦來判斷事物的是非，千萬不要人云亦云啊。這是爸爸贈給你的人生箴言，是爸爸給你的最重要的生日禮物！" 父親還曾諄諄教誨她："瑪格麗特，決不要去做或想那些平常的事情，因為人們早已經做過了。打定主意做你自己想要做的事，並設法說服人們遵循你的方式。"

父親一直向她灌輸的思想是："永遠坐第一排。"哪怕是坐公交車，聽講座，父親都要求女兒坐在第一排，以此來培養她的領袖氣質。

正是父親羅伯茨不斷激勵和指引，使瑪格麗特從一個普通的女孩成長為叱咤風雲的政治家"戴卓爾夫人"。1979年5月，戴卓爾夫人作為英國女首相搬進唐寧街10號時說："我的一切成就都歸功於我父親羅伯茨先生對我的教育培養。"

在心理學上，父親經常被看作是孩子掙脫對母親過度依戀的關鍵力量。父親是孩子走向外部世界的橋樑，父親的存在與鼓勵是孩子獨立性發展的基礎。著名女性心理學家卡羅爾·吉利根認為，男女兩性與他人的聯繫方式截然不同，女性往往側重於聯繫，男性往往側重於分離。父親往往鼓勵孩子的自由探索，而母親往往傾向於過度保護。作為男性，父親更傾向於鼓勵孩子的自主與獨立。

提升女孩自信心的 5 個建議

建議 1：給女兒無條件的愛

兒童成長中一個最基本的需求就是要確信：不管她們是否漂亮、聰明或能幹，父母都會無條件的愛她們。確信自己擁有這份愛的女孩內心會感到十分安全，對自己的成長和能力很有信心。那些在小時候缺失了這份愛的孩子，在成長過程中往往就會去尋找愛的替代品，她們可能在外表上拚命打扮自己，以吸引他人的關注和重視，也更容易陷入隨便的戀愛關係，來滿足自己的需求。

要培養一個堅定自信的女兒，父母就要給她無條件的愛。在任何情況下，都不要說出傷害女兒自信自尊的話，也不要將父母的愛與任何條件聯繫起來，比如，有些父母在對孩子的行為不滿意時，不要對孩子說："你如果再這樣做，你就不是我的孩子了。" 父母也不要為了讓孩子的表現符合自己的期望，對孩子說："如果你更聽話一些，爸爸媽媽就會更喜歡你。" 這些言語向孩子傳遞的都是有條件的愛，讓孩子感覺只有她們的表現符合父母的期望，她們才能得到父母的愛。

無條件的愛您的女兒，接受您的女兒，這是她自信心的基礎。這樣即使在青春期她遇到種種挑戰、困惑和矛盾，即使她一下子難以接受自己突然間急劇變化的身體，難以把握自己複雜多變的情緒，她也不會覺得這些會讓父母不再愛她，這樣她才能夠比較自如地全面認識自己，並接受一個全新的自我。

知識鏈接：父母的撫養方式與自尊

心理學家庫伯史密斯調查了父母的撫養方式對個體自尊形成和發展的影響。結果發現，高自尊個體的父母撫養方式具有以下特點：第一，接受、關心和參與。第二，嚴格，即高自尊兒童的父母認為，重要的是使孩子達到更高的要求，而不僅僅滿足於使孩子高興，並認為孩子在嚴格的訓練下會更快樂。第三，採取非強制性約束。第四，民主，盡可能給予孩子表達自己觀點的權利以及有時按自己的方式辦事的權利。

建議2：幫助女兒發掘她的內在力量

一個擁有堅實內在力量和真實自我的人，才能堅定地保持自己的個性，不屈從於外界的壓力，不依賴外在形象而對自己感到滿意。父母需要不斷強化孩子的自我意識，幫助她從積極的角度看待自己，發掘自己的內在財富，這樣她就不會輕易僅從外貌來判斷自己的價值。

父母要學會相信、讚賞、尊重自己的女兒：

➤ 相信女孩。相信她有與年齡相當的獨立做事、照顧自己、正確判斷和明智選擇的能力。

➤ 讚賞女孩。讚賞女孩的內在優點，欣賞她的獨特之處，並明確告訴她，那麼她會盡一切努力變得更好。每天至少對她說三句讚美的話。

➤ 尊重女孩。尊重女孩獨特的個性，尊重她與你不一樣的想法；即使她的某一行為令你不滿，也要對事不對人，只批評這一明確具體的行為；永遠不要對女孩說："我再也不能忍受你了，我不再喜歡你了。" 永遠不要用暴力體罰女孩，這會讓她覺得你不喜歡她，進而可能認為是自己不夠好。

建議 3：告訴女孩，她可以說 "不"

女孩子在小時候很願意成為 "乖乖女"，她們舉止乖巧，聰明懂事，行為順從，對大人的要求，總是說 "好的"，很討人喜歡。但是這樣的行為方式掩蓋了許多女孩的個性和優點，使她們面對外界的壓力和無禮的要求時，不知道該如何做出明智的回應，以維護自己的權利，保護自己不受侵犯。父母要鼓勵女孩說 "不"，加強她的信心，幫助她告別內心那個軟弱無助的小女孩。

➤ 鼓勵女孩說出自己的感覺，包括好的感覺和不好的感覺，她喜歡什麼，討厭什麼。

➤ 向女孩證明她的觀點和想法會受到認真的對待，比如和她談話，認真傾聽她說話，尊重她的意見，不強迫她做她不願意做的事情。

建議 4：遠離電視和時尚雜誌

讓女孩過多的接觸那些漂亮女郎的圖片對她們並沒有什麼好處。一項研究顯示，在觀看了半個小時廣告或電視後，年輕女性對外貌的看法就有可能會發生變化。電視上的娛樂節目、廣告以及時尚雜誌為當今的女孩們提供了難以企及的美的標準，吸引她們把大量寶貴的金錢和時間花在打扮上。您的女兒並不知道，這背後隱藏着許多假象，巨大的金錢利益製造了這些假象，父母需要把女兒不了解的這些信息告訴她。

一位時尚公司的主管說，當今變化得越來越快的潮流趨勢，正在力圖把女孩變成"消費傀儡"。

"我為今天的女孩感到遺憾。她們認為苗條的形體和時尚的穿着是自由和獨立的標誌。這完全是一種可笑的想法。但是，有人卻將這一點不斷地暗示給年輕的女孩們。這是一個矛盾的現象，時尚市場實際上並不希望女性勇敢、有個性，而是希望她們都成為順應大流、積極消費的愚蠢女性。"

小時候，盡可能讓女孩遠離電視、廣告和時尚雜誌。當她長大一些後，父母有機會與女兒一起看電視時，一起思考討論下面這些問題：

➤ 我們為什麼會被說服對這個廣告產品感興趣？
➤ 這個廣告講述了些什麼？
➤ 這個廣告後面隱藏着什麼計劃？
➤ 除了這個產品外，這個廣告還想推銷給我們什麼？
➤ 這些廣告女郎的形象是真實的嗎？

建議 5：幫助女兒找到健康的榜樣

青春期的女孩需要學會認識並接受她們真正的自我，一些堅強自信的女性可以為她們提供榜樣。

電影《泰坦尼克號》的女主角凱特・溫絲萊特一開始並不為太多人喜愛，不少人覺得她太胖了，但堅定自信的凱特坦然接受自己的不完美，她對自己的身材從不在意，自信滿滿地做一個豐腴的女人，也不容許別人刻意美化。《GQ》雜誌曾經把凱特的照片 PS 成出奇苗條的形象，凱特看到照片後，氣憤極了，她隨即發表嚴正聲明：“照片上的不是我！”那家雜誌只好為此專門道歉。有雜誌報道凱特去醫院減肥，結果被她告上法庭。拿到的賠償金，凱特則是全數捐贈給慈善組織，來幫助那些因為飲食紊亂而導致體重問題的人們。凱特一直堅稱，她絕對不會為了好萊塢而減肥。“現在的女性已經太瘦了！對於年輕女性來說，我是一個榜樣，我不會特意減肥，永遠不會！”

凱特曾經看過一個名為《我想有張明星臉》的電視節目，節目講述了一個希望自己看上去像她的女孩子的整容經歷。那個女孩收藏了所有以她為封面的雜誌，觀看了她出演的所有影片，為了擁有像她一樣的臉蛋和身材，這個女孩甚至切除了自己的一部分胃。

看到這裏，凱特忍不住哭了起來，“我為這個女孩感到痛心，因為她被這些雜誌和電影呈現出的我的完美形象深深誤導了。”她激動地說，很想把那個女孩喊到面前，然後將自己的衣服脫下，告訴她：“我根本就沒有那樣完美的身材。我沒有那樣又翹又渾圓的臀部，我沒有一對既豐滿又高聳的乳房，我沒有一個平坦的小腹，相反，我的臀部和大腿上堆積着大團的脂肪”，然後大聲對她說——“這才是真正的我！”

此外，母親本人就應該是最好的榜樣。母親是否整天為臉上的皺紋煩惱？是否整天擔心自己又攝入了過多的熱量？這些都會對自己的女兒產生不良的影響。所以，要培養自信的女兒，母親也得是一個內心堅定，自信有主見的成熟女性。

發現女孩之三：
女孩的性發育

女孩青春期的發育順序並非是固定的，沒有所謂的 "正確" 或 "正常" 的順序。下面所列舉的發展階段只不過是研究所表明的大多數女孩的發育順序。如果有些女孩的發育順序與此不一致，並不意味着異常。

下面是心理學家發現的女孩青春期生理變化的順序以及乳房發育的順序[1]。

一、女孩青春發育期生理變化的順序

女孩青春發育期生理發展的順序大致如表 1 所示：

---

① 勞倫斯・斯騰伯格著，戴俊毅譯：青春期，上海社會科學院出版社，2007 年。

表 1 女孩青春發育期生理發展順序表

特徵	首次出現的時間
1. 乳房的發育	7-13 歲
2. 陰毛的生長	7-14 歲
3. 身體的發育（發身）	9.5-14.5 歲
4. 月經初潮	10-16.5 歲
5. 腋毛	陰毛出現後兩年
6. 汗腺和產生油性物質的腺體，粉刺	大約與腋毛同步出現

二、女孩乳房發育的順序

這個順序是由心理學家特納總結提出的，因此被稱作為特納五階段。

階段 1：乳房沒有發育。

階段 2：出現乳房發育的第一個信號。這一階段又被稱為乳芽階段，在乳頭以下某一部位可以觸摸到乳房組織。

階段 3：乳房更加清晰可辨，但可能還不能區分兩個乳房的輪廓。

階段 4：乳房進一步增大，能夠明顯區分出兩個輪廓。乳頭及乳暈在一起形成了乳房上的第二級突起。

階段 5：成熟階段，乳房完全發育成熟，輪廓清晰可辨。

過早發生性
行為的危害

性無知釀少女早孕形成 "人流季"

2004 年 9 月 28 日凌晨，浙江某美麗小城一所中專學校女生宿舍的衛生間裏，16 歲女生史南燕（化名）生下一個男嬰，因害怕被人發現，她殘忍地將孩子殺死了。2005 年 1 月 24 日，法院以故意殺人罪判處史南燕有期徒刑 3 年，緩刑 4 年。

我（孫雲曉）之所以詳知此事，始於《知音》雜誌的一位女編輯，她邀請我發表評論，並把原作者陳渡華寫的有關詳細報道發給了我。我可以預料，任何讀過這篇報道的人，都是難以平靜的，因為這是一連串的悲劇組合內含着邏輯的力量。也就是說，這組悲劇是偶然的，更是必然的。

也許，與看言情書過多有關，自初二下學期，史南燕不可救藥地喜歡上了本班的帥哥李加（化名）。2003 年 10 月，這對剛過 16 歲的少男少女偷吃了 "禁果"，並一發不可收。2004 年春節，放寒假在家的史南燕發現自己月經沒來，卻不清楚怎麼回事。她事後說："雖說是初三學生了，但我那時根本不懂什麼叫懷孕，從來沒有聽說過。"

一眨眼到了 5 月份，史南燕驚恐地發現自己的肚子正逐漸隆起。她找到李加告訴了他自己懷孕的事。"什麼？怎麼會？" 李加一聽幾乎不敢相信自己的耳朵，一時變得六神無主。

　　史南燕看了有關的書，認為胎兒已經五個多月不能流產，只能做引產手術。可是，引產手術要住院幾日，她又怕被老師和父母發現，不知該怎麼回答。於是，她準備等到暑假再去引產。經過幾個月的煎熬，終於到了暑假。史南燕偷偷到醫院檢查，醫生說這麼大的胎兒不能打了，預產期在 10 月初。此時，史南燕又寄希望於國慶節放假時悄悄生出孩子，她卻不知生孩子的日子身不由己，除非剖腹產。

　　史南燕的家庭和學校對她懷孕的事情始終渾然不知。升入中專的史南燕已經接近預產期，她照樣參加了軍訓。為了不被人發現異常，這位大肚子少女孕婦與同學們一樣摸爬滾打、擒拿格鬥，並且從不偷懶，更不請假。回到家裏，父母唯一發現的是女兒的腳腫得厲害，強迫送去醫院檢查。誰知，醫生只是簡單地按了按浮腫的腳，便說是腎臟毛病，有積水，配些藥服用就會好起來的。

　　就這樣一拖再拖，一誤再誤，直到 9 月 28 日凌晨孩子出生。孩子出生之時，也是 16 歲的史南燕最恐懼、最虛弱之時。當嬰兒發出第一聲響亮的啼哭，初為人母的她沒感到絲毫喜悅，卻像觸電一樣驚慌失措，唯恐睡夢中的同學知道她生了孩子。史南燕事後說："孩子啼哭的時候，我心裏緊張萬分，因為我生孩子時肚子再疼痛，我始終忍着不敢發出聲音。現在他一哭，寢室裏的同學都會知道了。當時我不假思索，一狠心將握在手中準備剪臍帶的剪刀，朝嬰兒的肚子上戳了兩下，又在他的胸口戳了幾下，還朝他的頸部劃了一刀。聽到嬰兒還在啼哭的時候，又用手捂住了他的嘴巴。"

　　剎那間，一個少女變成了殺人犯，而她的直接動機僅僅是怕被人發現自己做了母親，以致於巨大的罪惡感都顧不上了。

　　法院在審理史南燕一案時發現，被告人史南燕有自身無知的過錯，學校在傳授生理衞生知識方面也未引起足夠的重視。史南燕就讀的鄉鎮初級中學，只有在自然課裏涉及很少的生理衞生知識，而她的父母也從未對其進行性的教育。

更多的懷孕少女不會把孩子生下來，而選擇去做人工流產。

2010 年暑假開學後，"人流季"一詞就成了許多媒體關注的焦點，撩撥着大眾敏感的眼球，牽動着無數父母的脆弱神經。所謂"人流季"，是指暑假結束後出現的人工流產高峰，其中有不少是大學生、高中生甚至初中生。每年暑假和寒假，是青少年發生性行為的高發期。暑假和寒假結束之時，往往也成為少女人流的高峰期，懷孕少女成為許多婦產醫院人流手術的主流群體。南寧協和醫院計生科主任雷啟豔告訴記者，協和醫院計生科在暑期每天基本有 15 例以上的人工流產手術，其中有八成是 20 歲以下未婚少女。北京市一家私立醫院的負責人非常肯定地告訴記者，"假期後這兩週，來做人流手術的未成年人，比平常驟增了 50% 以上。"

一位長年做中學生雜誌編輯的朋友，曾向我（孫雲曉）講述了一些"絕對可靠"的事實。有些女孩因性放縱而懷孕後，不敢去大醫院做流產手術，只好偷偷去小門診部做手術。這些面臨大考的女生不敢休假，有的連體育課也不敢請假，剛剛做完手術就去跑上千米，直到昏倒被送進醫院檢查，發現腹部一片陰影！有的女孩子至今遇到陰雨天時關節都會疼，難以預料今後會怎樣。

關於中學生的性行為，我（孫雲曉）與合作者在進行《藏在書包裏的玫瑰》（後收入《陽光法性教育》一書）的性行為訪談研究時，就總結發現了以下五個事實：

> ➤ 半數以上是師生公認的好學生；
> ➤ 1/3 來自重點中學甚至是名聲顯赫的學校；
> ➤ 他們初次性交時 100% 不用安全套；
> ➤ 他們有過性交經歷的事實，其父母與教師 100% 不知道；

> 他們對學校與家庭的性教育 100% 不滿意。

過早發生性行為的少男少女，已不是個例，而正在日趨成為一個較為嚴重的現象。關於中學生發生性行為的比率，上個世紀 80 年代初的調查表明，有 3% 的中學生已發生過性行為，二三十年過去了，中學生的性行為發生比率已遠遠高於該比率。據北京日報 2003 年的報道[1]，宣武區婦幼保健院的大夫們曾對宣武區內幾所學校的初中生和高中生中做過一次調查，結果顯示，約有 10% 的中學生明確表示自己已經有過性行為。

少女性行為與少女懷孕往往相伴而生，過早發生性行為而沒有恰當的防護措施，懷孕自然成為高概率事件，下面兩位高中女生的坦率可能會讓很多父母揪心：

> 我跟我現在的男朋友天天做愛，但我從來就沒有想過避孕，也沒有想過懷孕了怎麼辦，我根本就沒有在腦子裏想過這件事。很簡單，懷孕了就做掉……藥流一點都不影響生孩子。

> 我們在一起兩年，幾乎每個星期我們都會在一起，但是在我印象中我們使用安全套的次數只有很少的幾次，我倆都覺得不舒服，然後就不用了，結果也沒出過什麼事。當時也不知道墮胎、流產是怎麼一回事。後來我知道了，覺得特別後怕。如果當時真的發生點兒什麼，那對一個女孩來說，是太大的災難了。

一些少男少女們對性的無知與無畏，是每一位父母，每一位教育者必須正視的事實。

---

[1] 10% 的中學生已有性行為，綠色通道救助懷孕少女，http://news.sohu.com/2003/12/02/13/news216361395.shtml。

性教育嚴重缺失

公平地講，今天中國的性教育已經有了很大的進步，但跟實際的需要相比，還有非常大的差距，在許多地方，在許多時候，性教育還處於缺失狀態。

中國人民大學潘綏銘教授等人對全國 14-17 歲青少年的性行為狀況的調查表明[1]：

➢ 少女中，只有 5.1% 接受過學校有關避孕的知識講授，只有 6.7% 從父母家人那裏聽到過；而不知道什麼是懷孕的卻是 8.8%；

➢ 少男中，只有 6.0% 接受過學校有關避孕的知識講授，只有 2.7% 從父母家人那裏聽到過；而不知道什麼是懷孕的卻是 11.2%；

➢ 問卷中有這樣一個問題："有人說，男人和女人如果只是過一次性生活，那麼女人懷孕的可能性就很小。您覺得這樣說，對嗎？" 對這個問題回答正確的少男為 25.7%，少女為 18.5%，連 1/5 都不到。

---

① 黃盈盈等，中國少男少女的愛與性——基於 2010 年 14-17 歲全國總人口的隨機抽樣調查，中國青年研究，2012 年第 7 期。

••• 家庭性教育缺失

客觀地講，在中國當代的許多家庭，性教育是若有若無的。許多父母談性色變，把性看作是醜陋的事情，用粗暴的手段壓制孩子對性的疑問，或者以沉默、打岔等"鴕鳥"方式來迴避，或者用自認為是善意的"謊言"來欺騙孩子。

我們可以看兩個故事：

第一個故事的主人公是一個叫偉峰的北京男孩，在初中二年級就發生了性行為，在接受採訪的過程中，他講了這樣一個故事：

我媽是會計。我記得特別清楚，我問我媽，孩子是怎麼生出來的？我媽說你長大了就知道了。還有一次，我看出土文物"金縷玉衣"的展出，男性展品的生殖器給包起來了，我當時特別小，問我媽，這是什麼啊？我當時真的不知道，我媽卻給我一個嘴巴！我記得特清楚。還有一次，我媽逗我："就你這樣，娶得到媳婦兒嗎？"我當時真的是特童心的一句話："那我娶你得了唄！"我媽又給我一個嘴巴！打得我莫名其妙。那時候覺得我媽真夠損的，長大以後才明白其中的道理。

第二個故事是一個四年級的男孩：

有一天，小男孩問爸爸："我是從哪裏來的？"

爸爸回答："你是我和你媽媽撿回來的。"

於是，他又跑到爺爺的房間："爺爺，我爸爸是從哪裏來的？"

"你爸爸啊，是這樣的，我和你奶奶年輕的時候非常想要一個孩子，就天天燒香拜佛。結果有一天早上，一隻老鷹叼着一個小孩放到我們家門口 —— 那就是你爸爸！"

後來，這個小學生的作文《我的家庭》裏面就有這樣一句話："我的家庭太奇怪了！從爺爺奶奶到我的爸爸媽媽，我們家已經兩代人沒有性生活了！"

故事中的對話在中國家庭中非常典型，父母想讓孩子生活在無"性"的真空中，但孰不知，今天的孩子已從電視、網絡、同學等多種途徑獲得了異常豐富的性信息，其中有許多是對未成年人極其有害的不良信息。

••• 學校性教育不容樂觀

性教育，往往成為學校教育的"盲點"和"雞肋"。學校性教育的缺失，有多個方面的表現：

第一是師資缺乏。許多學校沒有專門從事性教育的師資力量，往往用教生物學的教師來教授性教育課，有些學校乾脆讓校醫院的醫生來擔任，許多情況下都是外行"捉刀"。而性教育是一個涉及專業較多較廣的領域，需要具有生理學、心理學、教育學、美學、倫理學和法學等多方面的知識的專門人才。

第二是教材缺乏。許多學校苦於缺少專門用於性教育的教材，只好用生理衛生等教材湊合使用。

第三是缺少課時。限於應試教育的巨大壓力，關於性教育的課時往往被最大限度的壓縮。只有幾次講座，或者很少的課時。沒有充分的課時保證，性教育課程就成為知識的灌輸，重形式不重效果。

第四是性教育進行得太晚，成為"事後諸葛亮"，"馬後炮"。現在的青少年生理早熟，性早熟，許多女生在小學五六年級就已月經初潮，而許多學校的性教育到了初二初三才羞答答地"登台露面"，還"猶抱琵琶半遮面"。

知識鏈接：性教育並不會導致青少年性行為的增加 [1]

聯合國教科文組織在 2008 年進行了一個有關性教育的文獻回顧，該回顧包括 87 篇文章（見表 2），其中發展中國家 29 篇，美國 47 篇，另外 11 篇來自其他發達國家，具體結果如下。從下表的數字中我們不難看出，性教育的開展收到了積極的結果。

在"第一次性行為時間"方面，38% 的研究認為性教育使第一次發生性行為的時間推遲了，62% 的研究認為性教育對第一次性行為時間沒有明顯的影響，沒有任何一個研究顯示性教育會導致第一次性行為時間提前。

在"性行為頻率"方面，31% 的研究認為性教育減少了性行為頻率，66% 的研究認為性教育對性行為頻率沒有明顯的影響，只有 3% 的研究認為性教育導致性行為的頻率增加了。在"性伴侶數量"方面，

---

① 內部資料：中國性健康教育綱要試行版（草案）。

44% 的研究認為性教育減少了性伴侶的數量，56% 的研究認為性教育對性伴侶的數量沒有明顯的影響，沒有任何一個研究顯示性教育會導致性伴侶數量的增加。

在 "安全套的使用" 方面，40% 的研究認為性教育促使了安全套使用量的增加，60% 認為性教育對安全套使用沒有明顯的影響，沒有任何一個研究顯示性教育會導致安全套使用量的減少。

在 "避孕措施的使用" 方面，40% 的研究認為性教育促使了避孕措施的使用，53% 認為性教育對避孕措施的使用沒有明顯的影響，只有 7% 的研究顯示性教育會導致避孕措施使用的減少。

在 "危險性行為" 方面，53% 的研究認為性教育減少了危險性行為的發生頻率，43% 的研究認為性教育對危險性行為的減少沒有明顯的影響，只有 3% 的研究顯示性教育提高了危險性行為發生的頻率。

這些結果顯示，總體而言，性教育是有積極成效的：推遲第一次性行為的時間，減少性行為的頻率、性伴侶的數量和危險性行為，促進安全套和避孕措施的使用。

表 2 性教育對性行為的影響

	發展中國家（29 篇）	美國（47 篇）	其他發達國家（11 篇）	所有國家（87 篇）	
第一次性行為時間					
第一次時間推遲	6	15	2	23	38%
沒有明顯的影響	16	17	7	37	62%
第一次時間提前	0	0	0	0	0%
性行為頻率					
頻率減少	4	6	0	10	31%
沒有明顯的影響	5	15	1	21	66%
頻率增加	0	0	1	1	3%
性伴侶數量					
數量減少	5	11	0	16	44%
沒有明顯的影響	8	12	0	20	56%
數量增加	0	0	0	0	0%
安全套的使用					
使用量增加	7	14	2	23	40%
沒有明顯的影響	14	17	4	35	60%
使用量減少	0	0	0	0	0%
避孕措施的使用					
使用量增加	1	4	1	6	40%
沒有明顯的影響	3	4	1	8	53%
使用量減少	0	1	0	1	7%
危險性行為					
減少	1	15	0	16	53%
沒有明顯的影響	3	9	1	13	43%
增加	1	0	0	1	3%

青春期提早帶來的挑戰

今天的女孩，與她們的母親一輩相比，青春期已明顯提早了。

《1989～1999 中國城市中學生性意識與性行為比較研究報告》選取了北京、上海、廣州、武漢、瀋陽五城市 3000 多學生的調查樣本，結果發現[1]：1989 年，少男的初次手淫平均年齡為 14.49 歲，少女為 14.31 歲；1999 年，少男為 12.64 歲，少女為 10.72 歲，分別提前了 1.85 歲和 3.59 歲。

上海社會科學院青少年研究所長達 15 年的"青春期教育研究"為我們揭示了大量青春期發展的奧秘[2]：

➤ 1989 年全國男青少年初遺的平均年齡為 14.43 歲，而 1999 年為 13.85 歲，10 年之間，提前了 0.58 歲。1989 年，全國女青少年第一次來月經的平均年齡為 13.38 歲，而 10 年後的 1999 年，這一數字則迅速下降為 12.54 歲，降幅達 0.84 歲。

➤ 1989 年男女青少年初次性衝動的平均年齡，分別為 14.50 歲、15.21 歲，10 年之後的 1999 年，這兩個指標降為 13.63 歲和 13.62 歲。

---

① 楊雄，青春與性：1989~1999：中國城市青少年的性意識和性行為，上海人民出版社，2002 年。
② 楊雄等，青春與性，上海人民出版社，2002 年。

　　由美國福特基金資助的"青春健康"（2003）調查顯示 [1]：中國青少年目前性成熟年齡普遍比上個世紀 70 年代提前了 4-5 歲。

　　中華兒科學會對中國九個省會城市四萬餘名中小學生的專項調查顯示 [2]：中國女孩的青春期發育年齡平均為 9.2 歲，比三十年前提前了 3.3 歲。

　　青春期的發育，雌性激素和雄性激素的大量分泌，第一性徵和第二性徵的出現，女孩們的性生理、性意識被喚醒了，這必然會影響女孩的行為。

　　女孩的青春期本來就比男孩早 1-2 年，青春期的提早，必然使她們更早地面對性的好奇與性的壓力。

　　在青春期提早的同時，當代女孩的心理成熟期卻在不斷推遲。心理成熟包括的內容很多，比如認知成熟、情緒成熟、獨立承擔責任等等。成熟心理既是一種理智，也是一種控制能力。人的一些本能慾求（如性本能）應該受到成熟心理的調節和控制。那些過早發生性行為的少女，其心理成熟程度往往較低。

---

① 楊雄，青少年性行為 "滯後釋放" 現象，中國性科學，2008 年第 1 期。
② 我國女孩青春期提前 3.3 歲發育太早對孩子不利，健康博覽，2009 年第 6 期。

過早性行為危害健康

在採訪首都師範大學性健康教育中心主任張玫玫副教授時，她告訴我們，過早性行為對女孩危害很大。她認為，在青少年時期，女孩生殖系統雖然正在快速發育，但是整個器官壁的組織結構還比較稚嫩，過早性行為使女孩很容易裂傷，進而發生創口感染。資料顯示：越早發生性行為的女孩子，其生殖系統出現惡性疾病的幾率就越高。

懷孕

少女發生早期性行為的最大危害就是懷孕。月經初潮以後，青春期少女開始週期性的排卵，這意味着懷孕的可能。不管是青春少女，還是其他育齡期的婦女，發生性行為而不採取恰當的避孕措施，懷孕發生的可能性是很高的。青春少女懷孕以後，很自然地面對人工流產的選擇，99% 的情況下，她們會選擇流產，因為她們沒有能力，也沒有條件去生產並撫育一個孩子。

人工流產

　　人工流產，不管是無痛流產還是其他方式，即使是採用最先進的技術方法、找最可信賴的醫院和醫生，都可能對女性身體造成損害。人工流產會對女性的生殖道表面造成創傷，會損傷子宮頸管和子宮內膜，精子就不能通過子宮頸管進入宮腔，使受精卵不能着床和發育。在過度刮宮時，容易將子宮內膜基底層吸淨或刮掉，使子宮內膜不能再生，造成長期閉經，受精卵就可能因為沒有合適的着床之處而無法着床。

••• 人工流產對青春期少女的危害更大

　　這首先是因為青春期少女的生殖系統尚未發育成熟，其卵巢、子宮的體積遠低於成年人的水平，生殖道還比較嬌嫩，自身防禦機能較差，她們在生理上還未對懷孕做好準備。而且，一般情況下，人工流產手術完成後，病人需要至少兩週的恢復時間，不能從事高強度的勞動，不能進行劇烈的體育運動，而許多懷孕的少女是瞞着家人偷偷去做手術，術後幾乎沒有休息的時間，更得不到應有的照顧，因此，人工流產的危害會被成倍放大。

　　許多年輕女孩對人工流產的危害缺乏認識，懷孕的少女可能還在上學，既沒錢，也沒有多少自由時間，因此面對人流手術，她們關心的只是"少花錢"和"省事"。

一位初中女生看到醫生開列的人流費用清單，得知全部手術費用要1200元左右，竟然拿着清單要求醫生，"我們只攢了500元，你幫我看看把可做可不做的項目都劃掉，我就按500元做。"

大多數懷孕少女沒有自己的經濟收入，她們的花費主要來源於父母。一旦懷孕，選擇做人工流產，她們往往不敢、也不願意讓父母、老師知道，只能偷偷摸摸地去做手術。她們往往缺少手術費用，很多時候，她們需要向同學朋友借錢、湊錢，有時候，她們把父母給的零用錢，甚至吃飯錢節省下來，為了人工流產的費用而偷竊搶劫的事情也曾發生過。

為了節約費用和圖方便，一些懷孕少女往往不會選擇正規的、資質高的大醫院，因此可能落入一些黑診所和無良診所的陷阱。因為正規大醫院檢查手續比較繁瑣（但是規範），需要檢查的項目較多，需要花更多的時間。她們沒時間，等不起，也缺乏耐心。而這些診所打着收費低廉、快速高效、無痛的虛假廣告，如"手術只需幾分鐘，對身體無傷害，手術之後不用休息"、"像睡一覺一樣"、"像一個夢一樣醒來"，利用青少年經常使用的網絡等方式，誘騙青春少女。

●●● **生殖健康**

青春期少女可能已經月經初潮，但這並不意味性器官發育成熟。剛進入青春期的女孩，其卵巢重量一般只有成年人卵巢重量的30%，子宮也遠未達到成人子宮的水平。她們的生殖通道尚未發育成熟，外陰及陰道都很嬌嫩,陰道短且表面組織薄弱,性交時容易造成處女膜的嚴重撕裂以及陰道裂傷而發生大出血。

　　對未發育成熟的女孩來說,處女膜的保護作用仍然是重要的。這種黏膜可以有效阻擋病菌的侵入,對少女的身體有很重要保護作用。少女時代,她的小陰唇和大陰唇都是閉合的,再加上處女膜,構成了三道抵禦病菌侵害的保護屏障,所以,少女是很少有婦科疾病的。而一旦失去這些保護,加之青春期女孩的自身防禦機能較差,很容易因為性行為而造成尿道、外陰部及陰道的感染,如不及時治療,有可能會感染擴散,留下嚴重後果。

難以彌補的心靈創傷

　　不管是家庭、學校還是整個社會，其實都不贊成少男少女們過早發生性行為。這種社會看法，注定會給過早發生性行為的女孩造成一定的心理壓力，她們不敢讓父母知道，也不敢讓其他人發現任何蛛絲馬跡。

　　過早發生性行為之後，女孩還容易變得自暴自棄，認為既然自己已經突破了貞操的防線，就對性抱一種無所謂的態度，從而容易變成性混亂的女孩。一旦被別人知道了過早發生性行為的事情，有些女孩就有可能破罐子破摔，認為自己反正這樣了，而作賤自己，糟蹋自己。

　　99％的早戀是以失敗告終的，即使有性的存在，走向婚姻的可能性也極低。分手以後的雙方，都會感受到背叛的滋味，容易嫉恨對方。作為女孩，由於社會現實存在的貞操觀的影響，她們更會感覺到男性的不負責任，從而對整個男性群體產生不良看法，最終影響她們未來的婚姻幸福。

••• 懷孕及流產的精神創傷

由於沒有採取恰當的避孕措施而懷孕的少女，將面臨更大的精神壓力。她們不敢讓其他人知道，而肚子中的胎兒正在一天一天不斷發育長大，她們會承受難以想像的煎熬。

她們首先面臨一個選擇，是生下這個孩子，還是人工流產？99%的情況下，她們會選擇人工流產，作為一個女性——未來的母親，她們會受到良心的譴責，因為腹中的胎兒，不管多麼渺小，畢竟是一條生命。

即使選擇人工流產，她們所承受的心理壓力也不會減小。她們在流產時，有可能要面對醫生護士們異樣的眼光。一個化名金婷的女孩講述自己遇到的情形：

金婷懷揣着媽媽給的飯費獨自走進了醫院。

"是懷孕了，把尿杯扔垃圾桶裏去。"護士用力盯了金婷一眼，指了指那裝有試紙的塑料杯。金婷轉身之時，聽見護士的議論："這麼小就懷孕，以後也是個當'雞'的料。"金婷說她當時想一頭撞死。但當她想起她和男友親熱時男友對她說的話：我以後一定娶你，金婷全身都有了力量和勇氣。

後來的情景與噩夢相似，一個讓人尷尬的姿勢，一個灰布單蓋住了她的身體，一種金屬器械相互碰撞的聲音，一陣無法忍受的鑽心的痛。"叫什麼，不怕讓人看見丟臉呀。"

懷孕的少女們往往沒有多少錢，沒有多少時間用於手術，更沒有時間用於術後的休息，而且學業壓力不會因此而變小。她們知道術後需要休息，但她們又不能休息，她們怕因此傷害到身體，影響到未來的生育能力，但是她們不敢請假。她們怕讓別人看出來，怕別人知道，懷孕中的少女整日擔驚受怕，風吹草動都會讓她們緊張不已。她們孤立無援，又不敢求援，這些都有可能使她們透不過氣來。

更為糟糕的是，一旦懷孕及流產的事情被他人知道了，她們的心靈有可能受到更大的傷害。雖然在今天的中國，人們對性的態度發生了很大的變化，不再那麼談"性"色變，但往往仍會將性與一個人的道德品質緊密聯繫在一起。而且，在性的要求上，社會存在雙重標準，對女性更為苛刻，過早發生性行為的女孩容易被扣上"壞女孩""作風不正"的帽子，她們要承受更大的社會壓力。

••• 影响未來的愛情、婚姻與"性"福

在寫作《藏在書包裏的玫瑰》一書時，作者曾經採訪過一個叫歷歷的女孩，她初一時正式交男朋友，高一發生性行為。她後來很後悔，後悔不應該在 16 歲時就發生了，也不應該這麼隨便就發生了。她說："16 歲，應該擁有的是純潔的愛情。"過早發生性行為對她的愛情觀、婚姻觀產生了很大的影響，她開始對愛情產生了很大的懷疑，人生觀也隨之破碎了，竟然有了為錢去做"雞"也無所謂的想法。

99% 的初戀以失敗告終，青春少女與第一次發生性行為對象結婚的可能性也微乎其微。而當代中國男性當中，還有很多人是有"處女情結"的，即使有許多男人宣稱不在乎，他們其實可能很在乎，有人做過調查，90%

有過性行為的男性都想和處女結婚。不管我們把"處女情結"看成是封建落後思想、男權主義，還是對女性的歧視，它是真正存在的，必將會影響到女性的婚戀和婚後的幸福。過早發生性行為的女孩，在將來談婚論嫁時，不可避免地要面對未來丈夫的疑問。結婚以後，這個問題有可能成為一種陰影，威脅到夫妻關係和婚姻幸福。

　　一般而言，少女過早的性行為，往往是在一些不正常的心理氛圍，甚至偷偷摸摸的情況下進行的，男女雙方往往都沒有做好充分的生理心理準備就發生了。男孩處於高度亢奮的性衝動狀態，而女孩處於緊張、恐懼、羞怯的狀態。在這種狀態之下的性行為，性愛質量往往是較差的，雙方很難感受到性的美好。緊張、焦慮和亢奮容易導致女孩的生理傷害，如尿道感染，生殖道損傷等。初次性愛的不和諧，可能會給以後的性生活投下陰影，導致對性生活的厭惡，認為性是骯髒的，性是痛苦的，給以後的性生活埋下隱患。

培養女孩好榜樣：
一位大連母親

作為父母，如果有一天，你的寶貝女兒突然告訴你這樣一個消息："我懷孕了"，父母該怎麼辦？我們相信大多數父母的第一反應是拒絕，不願意相信這件事情發生在自己的寶貝女兒身上，甚至有些父母批評、指責甚至辱罵毆打自己的女兒，這樣做的結果是什麼？那就是：在女兒最需要父母的時候被父母拒絕了，女兒將受到嚴重的身心創傷。

下面就是一位非凡母親的做法，她在女兒最無助、最需要幫助的時候堅定地給了女兒溫暖的支持：

有一家人從一個小地方到遼寧大連去發展。有一天，上高二的女兒一下子跪倒在媽媽面前，開始嚎啕大哭，媽媽，我錯了，我對不起你，我真不應該，我真後悔，我錯了。媽媽一下子被哭蒙了。女兒告訴媽媽，自己懷孕了。

這個媽媽事後說，當時一聽這話，這麼老實巴交的孩子一張嘴就說自己懷孕了，她差一點暈了過去。但這個媽媽馬上意識到：這個時候我要是倒下來，我的孩子怎麼辦。於是，這位媽媽使勁控制着讓自己鎮靜下來，說閨女不要怕，只要我們有勇氣什麼難題都能解決。

媽媽陪女兒來到醫院，以媽媽的名字掛號做了婦科檢查，檢查發現女兒果然懷孕了，醫生建議馬上做人工流產。媽媽問女兒，閨女怎麼辦，做不做啊？女兒說，願意做，馬上做。

這位媽媽就給學校老師打電話說，我女兒得了急性闌尾炎，需要做手術，請假 20 天。媽媽也請假 20 天在家裏精心照顧女兒，一句責備的話都沒有，因為她知道女兒已經很後悔很自責了，這個時候沒有再指責的必要了。

媽媽的這種態度把女兒感動得熱淚盈眶，她告訴了媽媽到底發生了什麼事情……女兒感到很後悔。

這位媽媽跟女兒談什麼是性，什麼是愛情，什麼是生活，她們談了很多。女兒說媽媽你放心吧，我一定讓你看到一個讓你驕傲的女兒。女兒很快就康復了，嚴格要求自己，勤奮學習，考上北京一所著名的大學，大學還沒畢業就收到三所美國大學的研究生錄取通知書。

預防少女過早性行為的 5 個建議

建議 1：充分的關愛是最好的預防

研究表明[1]：痛徹心扉的失戀會讓少女發生性行為的可能性劇增 71 倍。對於其中的原因，研究者指出：失戀過的少女更加容易把發生性行為作為下次愛情關係的維繫手段與保障。

一兩的事先預防勝過一噸的事後補救，而最好的預防是給予女孩充分的關愛。許多女孩過早的性行為，有可能是為了尋求一種親密感。在父母那裏得不到足夠的溫暖與關心，她就可能會到家庭之外去尋找。在尋找親密感的過程中，有些女孩涉世不深，並不知道什麼是真正的愛情，容易把愛與性混淆在一起，稀裏糊塗地過早地發生了性行為，事後，她們會感到後悔，性並非她們真正需要的，她們真正需要是那種溫暖的感覺。

對女孩來說，來自母親和來自父親的關愛都是重要的。母愛就像一個安全的港灣，能給予她安全感，讓她有自由探索的動力，當她受到挫折和

---

① 黃盈盈等，中國少男少女的愛與性——基於 2010 年 14-17 歲全國總人口的隨機抽樣調查，中國青年研究，2012 年第 7 期。

傷害時，她知道母親是她的避難所。她可以在那裏休整，得到母愛的安撫，讓她有繼續前行的勇氣。父愛能給女孩另一種溫暖，父親的欣賞會讓她得到情感的滿足，父親給她樹立了一個健康異性的榜樣，讓她知道如何做出明智的選擇。

充分的關愛還來自和諧的家庭關係，父母相敬相愛會創造一種良好的家庭氛圍，沐浴在這種關愛氛圍中的女孩，更容易自尊、自重、自愛、自我控制，往往不會輕率地做出有關性的決定。

建議 2：性教育應以人格教育為核心

科學的性教育包括兩部分主要內容，一是性道德教育，一是性知識教育，這兩者應該是有機融合在一起。

有一個學校，開展了性生理教育以後，老師上課，用 "陰" 字組詞，結果有一個男孩馬上用 "陰道"、"陰莖" 組詞了。如果沒有性道德的前提和鋪墊，就容易發生這樣的事情，在告訴孩子有關性知識的同時，我們還要告訴孩子與性有關的社會禁忌，告訴孩子不能隨便使用這些。父母要了解到：性教育絕非只是知識性的，更不僅僅是技術性的，它首先是一種現代的人生理念教育，一種現代的價值觀教育，一種高尚的情感教育，其核心為人格教育。我們非常認同美國錫拉丘茲大學兒童和家庭教育教授索爾戈登的觀點：沒有價值標準的性教育是沒有價值的性教育。索爾戈登在《我們的孩子需要從性教育中得到什麼》一文認為，對女孩的性教育至少應該包括以下：

➢ 應該有自尊心，建立成熟的人際關係，對性行為負責。

➢ 為結婚和做父母做好準備，了解人與人之間的關係，加強對家庭生活的責任感。

➢ 理解愛情是人的性愛的基本組成部分，認識到 "性" 絕不是對愛情的考驗。

➢ 準備為自己做出的決定負責，在性的領域中，也要依據一種普遍的價值標準，即不要傷害或剝奪他人，用他人犧牲來滿足個人的私慾是錯誤的。

➢ 了解和理解我們生活中的性，認識我們生來就有性慾，而且持續不斷具有性的需要；要了解性產生的廣泛內容，認識性不僅僅表現為異性間的性交，也不僅是生育。應當集中講解情感交往和價值觀在性中的體現。

建議 3：認真回答孩子的性提問

在性知識教育方面，父母不能像鴕鳥一樣迴避問題，而要以科學的態度回答孩子的性提問。作為女孩的父母，尤其是母親，從小就應該承擔起女孩性知識啟蒙者的角色。母親應該循序漸進、主動地幫助女孩了解與性有關的知識。在小學二三年級時：要讓女孩知道自己是怎麼來的，自己的身體結構是怎麼樣的。到小學高年級，重點向孩子講解性心理。到中學時，要告訴女孩性道德和過早發生性行為的危害，父母要明確表達他們對女孩的期望。

在性知識方面，父母會碰到孩子的各種疑問。如何回答孩子的疑問，下面一些做法值得父母嘗試：

➢ 如實回答。當孩子向父母提問時，儘量如實回答，不要遮遮掩掩。如果孩子提出的問題是陌生的，父母也沒有答案，請父母不要緊張，只要告訴孩子自己不知道即可。

➢ 準備幾本性知識的書。父母可以選擇幾本由專家編寫的性教育讀物，放在家裏，供孩子翻閱。

建議 4：教女孩學會自我保護

父母要想法設法教女孩學會如何自我保護。與性有關的自我保護有兩層含義。第一是保護自己免受性侵害或發生非自願的性行為；第二是在發生性行為時，要懂得使用避孕工具等以避免懷孕或感染各種性傳播疾病。

➢ 在女兒很小的時候，父母就要明確告訴女孩有些部位（如私處）是不允許任何他人去觸碰的。比如英國頒佈的《兒童十大宣言》中就有一條：背心、褲衩覆蓋的地方不許別人摸。

➢ 告訴女孩注意危險因素。如不要獨自一個人走夜路，不要獨自一個人跟陌生男性在一起。

➢ 要告訴女兒學會拒絕，當跟男朋友或要好的男生在一起時，一定要果斷拒絕其性要求，不要拖泥帶水，不要猶豫不決，要明確告訴他：如果愛她，就要學會等待，真愛是能經受得住等待的。

➢ 讓女孩掌握如何使用避孕套的知識。在這一點上，許多父母往往不以為然，認為這有變相縱容孩子發生性行為的嫌疑。其實，這是明智之舉，因為孩子並不會因此而發生性行為，而且當發生無法抗拒的性行為時，能做到自我保護。

建議 5：如果發生了，請把傷害降到最低

如果有一天，一個女孩告訴自己的父母，她發生了性行為，甚至已經懷

孕時，父母應該怎麼辦？這是最考驗父母愛心與智慧的時候。有一些不明智的父母，當一得知自己的女兒發生性行為，甚至已經懷孕時，馬上失去了理智，用骯髒的語言污辱她，或者用暴力的手段去懲罰她，或者威脅斷絕關係，父母認為孩子的行為是給自己抹黑，讓自己丟臉，讓自己無法面對他人⋯⋯

少女發生過早性行為，大多數是因為年幼無知，對性的好奇與自然渴望，在青春期強大的性驅力驅使下，沒有控制好自我，這往往無關道德。因此，父母不能用道德的視角去評價孩子的行為，更不宜用世俗的偏見去歧視她，更不能污辱或懲罰她。這樣的做法是愚蠢的，這不但於事無補，反而是對女兒的二次傷害。

發生性行為甚至懷孕以後，大多數女孩的反應是懊悔的，自責的，99%的女孩是不希望父母知道的。女兒選擇讓父母知道，是因為她信任父母，並需要獲得父母的支持和幫助。

我們希望天下的女孩父母都要認識到：當一個女孩過早發生性行為時，父母可能是她最後的依靠，父母要給予孩子堅定的支持。如果女孩懷孕，這可能是她最脆弱的時刻，她最需要的就是父母的理解和幫助，這是她戰勝困難的勇氣與力量之源。

愛孩子是沒有條件的。我們衷心地希望天下所有的女孩父母：接納你的孩子，不管她犯了什麼樣的錯誤，她仍然是你的孩子，她仍然需要你的愛。在孩子最需要父母理解與幫助的時候，父母選擇接納還是拋棄孩子，是救她於危難還是雪上加霜，將會影響她的一生。

發現女孩之四：
生理早熟的女孩

總體而言，女孩的生理發展要早於男孩，比如，女孩進入青春期的時間要比男孩早一至二年。我國 1999 年的調查數據指出：女孩初潮的平均年齡是 12.54 歲，男孩首次遺精的平均年齡是 13.85 歲，女孩比男孩早一年多。

一、身體與動作早熟

在出生以前，女孩在生理上就比男孩更成熟[1]。在母親懷孕中期，女孩的骨骼發育比男孩提前三週。出生時，女孩的骨骼比男孩提前四至六週，而且，這一差距會隨着年齡的增長而增加，到了青春期以前，女孩的骨骼發育比男孩早兩年之多。

兒童和青少年精神病專家塞巴斯蒂安‧克雷默指出[2]：女嬰出生後的發育速度比男嬰要快得多，一名剛出生的女嬰的身體機能和一名出生六個星

---

① 蘇珊‧吉爾伯特，《男孩隨爸，女孩隨媽》，中信出版社，遼寧教育出版社，2003 年。
② Kraemer S, The Fragile Male, British Medical Journal, 2000.

期的男嬰不相上下。

在動作發展上，女孩早於男孩。在七個月大的時候，女孩在使用勺子、用筆劃線條等精細運動技能上走在男孩前面，這種差異要持續許多年。在小學階段，通常女孩寫的字更漂亮，女孩動作的靈巧性比男孩強得多。

在身體發育上，女孩領先於男孩。女孩達到成年身高的一半、進入青春期及停止發育的時間都比男孩早。

二、大腦和神經系統早熟

女孩動作發展之所以領先於男孩，原因之一就是控制動作發展的大腦和神經系統發育領先於男孩。

在兒童青少年時期，女孩的大腦發育總體上領先於男孩。2006 年，美國心理衛生研究所的 15 名神經系統科學專家組成的一個專家小組發表了一個研究報告。該報告詳細記錄了大約 2000 個 4~22 歲孩子的大腦發育狀況 [1]：

研究人員發現，男孩和女孩的大腦中，很多區域的發育順序和速度都不相同。大腦的不同區域，例如大腦頂灰質 —— 控制從各種感官處得來的集成信息，男孩和女孩的發育軌跡是相似的，但女孩的發育速度大約要比男孩快兩年；另一些區域，例如大腦顳灰質 —— 控制人類的空間知覺和目標識別能力，男孩、女孩的發育軌跡類似，但男孩的發育速度

① 里奧納多‧薩克斯，家有男孩怎麼辦，中國青年出版社，2009 年

卻要比女孩稍微快一些；還有一些區域，例如控制視覺皮質的大腦枕灰質，男孩、女孩的發育軌跡明顯不同，沒有任何重疊，女孩在 6~10 歲時，這個區域迅速發育，而男孩卻不是。14 歲之後，女孩大腦的這個區域逐漸變小，腦組織數量逐漸減少，而這時候男孩子大腦的這部分區域卻快速發育。

要知道，大腦的成熟通常結合着大腦區域的減小，記住這一點很重要。可能女孩在十幾歲時某個區域已經開始縮小（引者註：腦區縮小意味着發育成熟），男孩大腦的這個區域卻正在發育。

當然，還有研究發現，五歲男孩的大腦語言區域發育水平只能達到三歲半女孩的水平。

在出生時，女孩的大腦就比男孩更成熟。美國西北大學的認知科學家 Burman 所領導的研究小組也發現[1]，與女孩相比，男孩的大腦要花更長的時間才能夠走向成熟。

學會上廁所是幼兒大腦成熟的標誌之一。研究表明[2]，30% 的女孩和只有 15% 的男孩在兩歲半時學會上廁所。在三歲時，70% 的女孩和只有稍微超過一半的男孩學會上廁所。

女孩的神經系統整體比男孩成熟得早一些，所以受神經系統支配的手眼協調動作更靈活，更準確，平衡性也更好。

---

① 群芳，男孩女孩用不同大腦區域處理語言信息，科學時報，2008/3/11。
② 蘇珊·吉爾伯特，男孩隨爸，女孩隨媽，中信出版社，遼寧教育出版社，2003 年。

5

少女生殖
健康危機

高中女生 "閉經" 令人扼腕

2010年高考結束以後,《揚子晚報》的一篇報道,引起了很多人的關注和擔憂,三名女生在高考結束時被發現已經 "閉經",醫生認為這與過高的學業壓力密不可分:

報道稱,剛被一所重點大學錄取的18歲女生小松(化名),利用暑假到醫院檢查身體,竟被查出閉經了。初中時小松就有月經不調的症狀,幾個月甚至半年才來一次月經,但是醫生和家人都以為她年齡尚小,月經不正常是很正常的。進入高中,由於學業緊張,小松一心撲在學業上,對月經不調並沒有繼續就醫。而事實上,整個高中三年,她竟然只是偶爾來過一兩次月經!直到高考結束,"月經" 這件事才排上小松的日程表,結果醫院的檢查結果令小松和其父母追悔莫及,小松已經閉經,並且她的子宮已萎縮,也就是卵巢功能衰竭。

專家指出,一般正常的女性是在48歲左右出現卵巢功能衰退,卵巢早衰是女性在40歲以前發生,醫學上又稱之為過早絕經。在門診中,卵巢早衰在20多歲的育齡期婦女中多見,但在青春期女性中非常罕見,但是理論上也不是沒有可能性。

　　小松的主治醫生介紹，小松已是她治療的第三位相同症狀的高中女生。三名女生都是學習刻苦努力的好學生，從小學到中學，她們經常熬夜到深夜十一二點，有時甚至凌晨一兩點還在做作業；而第二天早晨五六點，她們又早早地起身晨讀、背書。這樣過度勞累對女孩子的身體傷害非常大，因為夜晚深睡期間是身體各種激素分泌的高峰期，睡眠不足，會嚴重干擾內分泌功能，影響青春期的發育。

　　南京市婦幼保健院的專家介紹，在醫學上有一種特定的疾病"青春期閉經"，目前發病的原因還沒有明確，但從臨床上看，與學業壓力有一定的關係。

　　月經紊亂除了因為女性發育不完善以外，還可能與一些功能性的疾病有關，這應該引起父母的足夠重視，以防孩子錯過治療時機。專家指出，長時間月經失調對於女性健康是有一定危害的：長期閉經可能會導致不孕。長期閉經會造成卵巢的結構功能退化，而這個過程往往是不可逆的。對於那些尚未做媽媽的女性來說，如果卵巢停止生產卵子，將導致其不孕。

　　三個女孩的經歷令人痛心，如果及早發現，引起重視，這或許是可以避免的。但可悲的是，父母和老師們往往把全部的精力放在孩子的學習上，卻很少考慮孩子身體發育的需要。青春期女孩身體內發生着十分複雜的變化，無知和忽視所造成的傷害可能釀成難以挽回的悲劇。

少女痛經：一個更為普遍的現象

　　舒暢是一個勤奮又聰慧的女生，從小學到初中成績總是名列前茅。但是，有一段時間，她每次月考的成績卻很不理想，這讓她感到異常苦惱，父母也很不理解其中的緣由。又一次失敗的考試過後，在母親的耐心撫慰下，神情黯然的舒暢終於說出了她的苦衷。

　　原來，學校每次月考的日子總是和她的月經期碰在一起。更糟糕的是每次月經來的時候，她都會有一兩天下腹劇烈疼痛，折磨得她疲憊不堪、精神恍惚，根本無法專心考試。剛步入青春期的少女不知道該如何向別人詢問這方面的問題，甚至連面對自己的母親也覺得難以開口，只好一個人默默忍受。

　　舒暢所經歷的情形在醫學上稱作"痛經"。事實上，為痛經所苦的女生很多。在婦科醫生眼中，痛經是最常碰見的問題之一，月經初潮不久的少女、未婚未育的年輕女性是痛經的多發群體。

　　為了寫作本書，2010 年暑假的一天晚上，我們採訪了北京大學教育學院康健教授。康健教授既有深厚的學術修養，又曾長時間擔任北大附中校長，對當今中國教育有着深刻而獨到的認識。當談及當代女孩的身體健康時，康健教授提到了一個特別令他擔憂的發現。在任職校長期間，他曾給學校醫務室佈置過一項任務，對學生的疾病就診情況進行統計監測，以了解在校中學生的多發疾病有哪些。結果令他大吃一驚，與感冒、外傷這些常見疾病並列的，居然是女生的痛經。

康教授沒想到，有這麼多女生默默忍受着身體的痛苦。現在中學生的學業負擔是如此之重，康教授不由深深地為女生們的健康擔憂。

••• 痛經的發生率

由於統計的年齡組差異、每個人對疼痛的感覺不同，缺乏客觀的測量疼痛程度的方法，各種研究所統計出的痛經發生率不盡一致。

1980 年全國女性月經生理常數協作組報道，女性痛經的發生率為 33.19%。

2000 年全國婦女月經生理常數協作組報道，女性痛經的發生率為 56.06%。

對某校女高中生的調查表明 [1]，痛經發生率為 58.09%，其中輕度佔 48.10%，中度佔 47.34%，重度佔 4.56%。

---

① 鍾微子等，680 名高中女生痛經狀況及相關因素分析，中國校醫，2009 年第 4 期。

••• 痛經的影響

據媒體報道，每年高考，總有女生因為嚴重痛經影響考試。2010年高考時，《京華時報》報道，北京一名女生因為痛經而出現嘔吐等不適，考點外駐守的急救醫務人員為她打了一針止痛針後，情況方得到好轉。在老師的鼓勵下，女孩堅持考試。還有一名重慶的女生由於嚴重痛經，上吐下瀉，直不起身子，數學試卷只做了一半。雖然沒有統計數據，但可以想見，因為痛經而影響高考的女生一定不在少數。

大多數女性都會在一生中的某段時間體驗到痛經。痛經有時在經前一兩天就開始了，有的在月經來的那天才開始，有的在月經的第二天才發生。痛經通常持續會兩到三天，但是有些時候只持續一天或幾個小時，也有些女性整個月經期間都有痛經。大多數人只感到下腹稍微不舒服，不會影響正常的活動。但是，也有不少女孩子可能痛得無法忍受而在床上打滾。除了下腹疼痛之外，痛經的女生有時還會有全身虛弱、食慾不振、噁心、嘔吐、出汗、昏厥和頭疼等症狀，以至於無法上學。

今天的成年女性比以往面臨更多的婦科問題，各種婦科疾病的發病率明顯上升，這與少女時期的生理發育恐怕不無關係。家庭、學校對少女的生理衛生和保健教育重視不夠，甚至完全缺失。父母和老師對少女生殖健康問題，有時也難以啟齒。少女時期本是女性一生中疾病低發的一段時期，因此，她們的健康問題常常被忽略。

然而，少女在生理上的變化是如此之大，她們的身體正在為人生中生兒育女、繁衍後代的重要時刻做準備，對少女生理和健康的忽視，將可能導致無法挽回的傷害。

知識鏈接：痛經的原因

少女的痛經通常是原發性痛經，也就是説生殖器官並沒有什麼器質性病變，但每次月經來時，下腹部便發生疼痛或絞痛。少女也會發生繼發性痛經 —— 由子宮、陰道或處女膜的先天畸形等原因而引發的痛經，但通常很少發生。

造成痛經的原因很多。一些學者強調心理因素是造成痛經的主要原因之一。面對痛經的女孩，有時可以從下面這些問題中找出線索：

➤ 她了解月經的意義嗎？是否將月經視為一種病，一種不愉快的經驗，認為月經是不潔的、可憐的甚至是可怕的？

➤ 她是否從其他痛經女性（如母親）那裏聽説過痛經的痛苦？

➤ 她的家庭中人際關係如何？是否父母的婚姻生活不愉快，是否她要以痛經為工具，獲得父母更多的關愛？

➤ 她在學校功課如何？經常運動嗎？是否要以痛經為藉口逃避上課或考試？

➤ 她的精神狀態怎麼樣？是否在經受着很大的壓力？

很多人認為，疼痛以及痛經中的許多不適都是非常主觀的。每個人對疼痛的耐受力不盡相同。如果患有貧血，女性對疼痛的耐受力會減低許多，工作、學習勞累過度或運動過度時也會造成類似的情況。這兩種因素也會使女性容易感受痛經。

但是原發性痛經並不僅僅是心理因素在作怪。

➢ 月經期間，子宮內膜剝落時，身體會分泌一種稱為前列腺素的化學物質（前列腺素會造成子宮肌肉收縮，幫助子宮內膜剝落），有些女性的前列腺素分泌過多，子宮強烈收縮，因此造成痛經。

➢ 月經開始後一段時間內，經血裏常混有大血塊。未分娩過的年輕女性子宮頸管堅硬、狹窄，在血塊通過時可能會感到格外疼痛。

➢ 大片的子宮內膜脱落，堵住經血的出路，也會導致痛經。

學業壓力危害女孩健康

　　長期的巨大的學業壓力及其導致的精神緊張，必然會影響到少女的內分泌功能。據中國青少年研究中心的一項調查顯示，相當多的中小學生因考試或學業壓力而心情不好（76.2%）、鬱悶（55.4%）和煩躁（54.2%），相當比例的兒童因此睡不着（38.2%）、不想學習（25.1%）、自卑（24.5%），還有一些兒童甚至對生活絕望（9.1%）。

　　與男生相比，女生的學業壓力更大。中國青少年研究中心2009年對1800多名高中生的調查表明，女生每天做作業以及額外學習的時間都多於男生，47.4%的高中女生每天做作業在兩小時以上，35.1%的女生除了學校上課、做作業外，每天還要額外學習兩小時以上，比例均高於男生；67.3%的女生"非常想提高成績，也願為之拚命努力"，多於男生；而男生"想提高成績，但不想太辛苦"的多於女生。

　　神經生物學的研究發現，女性的大腦在處理壓力時有自己特殊的方式。當女孩處在持續的壓力情況下，她們大腦中的皮質醇含量會升高，這是一種在壓力情況下產生的保護性激素。當皮質醇含量上升時，大腦其他區域和其他激素的活性則會下降或失去活性。這種激素對女孩和男孩大腦的影響有不同之處。壓抑狀態下的女孩大腦有更多皮質醇，並且大腦其他區域如海馬的活動會出現異常，同時大腦中會出現更多的促腎上腺皮質激素釋放因子，這是一種使人感到壓抑的化學物質，使女孩變得沉默、孤僻，不願意和人打交道。然而，男孩在過度壓力狀態下較少表現出壓抑，而較多表現出暴力傾向，這是因為當男性大腦中皮質醇激素升高時，他們的大腦做出的反應是比較低級的邊緣系統、杏仁核、腦幹變得活躍，因此他們往往用暴力來發洩內心的壓力，或者吸毒、喝酒，或者做出危險的舉動。

學業壓力不僅直接影響到少女的內分泌生殖健康，而且還會間接影響到女孩的睡眠與運動狀況。那些承擔着巨大學業壓力的女孩，為了取得好成績，長時間伏案學習，很少運動，連睡眠的時間都大大縮短，她們的內分泌系統又如何能夠正常運轉呢？

學業壓力是女性生殖健康的最大威脅！

教育的目標是促進人的發展，而發展首先是身體的生長。兒童的健康生長需要充足的睡眠和休息、充分的運動和遊戲等等。遺憾的是，今天無論是家庭教育還是學校教育都嚴重忽視孩子的身體發育，剝奪孩子的睡眠和運動，等於從根本上剝奪他們生長的權利，這是人生失敗之源。如果我們繼續忽視學業負擔對女孩健康、女孩生命的損害，那麼不久的將來我們必將嘗到其惡果。今天女孩的健康，決定着未來母親的健康，這是關乎民族未來的大事！

對月經的無知與避諱

月經是女性最正常最自然的生命現象，但卻一直被千方百計的掩藏。體育課上一臉尷尬、支支吾吾地向老師請假，書包裏的衞生巾要小心隱藏以免被嘲笑，這些習以為常的做法，顯示出我們對女性的生理是多麼的不尊重。長期以來，月經始終是一個禁忌話題。月經似乎是不乾淨的、不純潔的、病態的，而且與性緊密相連，應該被掩蓋起來，隱藏起來，這些悄悄流傳的觀念讓女孩子不知道該如何來對待這一切。一位中學女生回憶起初次月經時說：

我初三時才"倒霉"（用"倒霉"指稱月經，流露出許多女孩對待月經的避諱態度），什麼都不明白，以為"倒霉"的時候和男孩在一起，就會懷孕。我一點都不懂，特別害怕，起初我都不敢和男孩坐在一起，包括我的父親。我媽媽什麼都沒跟我講過，沒告訴我已經長大成人。一切都是自己在摸索。

有的女孩對月經小心翼翼，擔心自己的"不乾淨"可能會被別人注意到；有些女孩對月經心懷恐懼，把月經看成受苦、倒霉，把它與劇烈疼痛和糟糕的情緒聯繫在一起；有些女孩則大大咧咧，對月經視而不見，彷彿可以忽略月經似的。

　　月經是女孩青春期最明顯的身體變化之一。對月經的無知和歧視態度，對女孩身體和心理發育的危害是不言而喻的。一位中年女性這樣回顧自己的月經初潮：

　　"我在 11 歲時就月經來潮，當時可把我害苦了。我母親看起來神經緊張，而且真的不想討論它。我父親根本就完全忽視了我。當我哥哥發現時，他取笑我並衝我做鬼臉。我覺得髒，對我的身體發怒。以前，我曾像個男孩子一樣 —— 騎馬、游泳、爬樹。而在"每月那個時候"我很低沉，至今如此。我真的感到自卑，就好像那以後我失去了某些珍貴的東西，可能是我的自由或自尊。"

　　如果女孩子不了解自己身體的運轉，不能接受身體的變化，她不僅無法給身體應有的照顧，還會在心理上嚴重傷害自己。令人憂慮的是，有太多的女孩對自己的身體一無所知，或者受到錯誤觀念的誤導，父母和學校也不注重女孩的生理保健，任由其受到許多不良因素的傷害。

知識鏈接：月經週期是一個複雜精密的系統變化過程

每個即將進入青春期的女生都想了解，月經是怎麼回事？但事實情況是，女生對月經和其他生理方面的了解少得可憐。

每個月經週期內，女孩身體內發生的變化是十分複雜的。青春期生理的變化是在神經系統和內分泌器官的微妙協調控制下產生的。簡單說，月經週期是由這樣一個 "軸線" 相互控制形成的：大腦 —— 腦垂體 —— 卵巢 —— 子宮內膜。大腦收集身體狀況與周圍環境信息傳遞，經過下丘腦整合後發出指令釋放促性腺激素釋放素（GnRh），其主要作用是刺激腦垂體分泌促性腺激素，主要是促黃體生成激素（LH）和促卵泡成熟激素（FSH），這兩種激素可以調節卵巢功能，使其排卵並且分泌雌激素與黃體酮。每個年輕女孩的卵巢中都儲存着數以千計尚未完全成熟的卵子，每一個月，在這些激素的作用下，會有一個卵子在卵巢中完全成熟。同時，子宮內膜開始逐漸增厚，在生長出新的血管和海綿體，為卵子受精，胚胎在子宮內安家做好準備。

如果卵子沒有受精，那麼，它就不再需要子宮裏厚厚的內膜。這些信息被反饋給下丘腦和腦垂體，調節激素的分泌量，導致子宮開始去除這些內膜。成片的充滿血液的內膜從子宮壁上滑落下來，從陰道口流出，形成月經。

在月經期間流出的經血量因人而異，通常每次月經總量在 50～80 毫升。經血並不是純粹的血，裏面混雜着一些脫落的子宮內膜、子宮頸黏液及陰道分泌物的混雜液體。因此一般情況下，流出的血液量並沒有一些女孩自己認為的那麼多，並且很快會在身體內得到補充。

經血慢慢地流出體外，可能需要三四天到一個星期左右的時間。一旦流血停止了，子宮開始生長新的內膜，為下一個成熟的卵子做準備。如果下一個卵子仍然沒有受精，子宮內膜又開始分解，另一次月經又開始了，就這樣循環往復。

剛開始來月經的女孩，她們的月經週期可能並不規律。她們的身體需要一段時間才能適應行經和排卵，通常在兩三年之後才能形成規律性的月經週期。從一個月經週期開始的第一天到下一個月經週期的第一天平均需要 28 天左右，但事實上，很少有女孩會年復一年地重複 28 天的月經週期，可能這個月是 29 天，下個月也許是 30 天。

女性的生理變化真是一個奇妙的過程，月經之所以能每個月較為準時地出現，需要體內各內分泌器官之間的巧妙協調合作。當體內外的變化影響到這些器官中的任何一點，使其功能發生異常時，月經週期的障礙就可能產生了。

伴隨着月經週期內激素水平的變化，女性的生理和心理呈現出週期性的改變，就像大自然有節奏的變化一樣：春夏秋冬，潮起潮落。幫助女孩了解自己的身體，感受身體節奏的變化，學會解釋自己的身體和身體變化，她才能夠給予自己恰當的照顧，並對自己的身體感到滿意，月經和激素變化給她所帶來的問題也就越少。

睡眠不足、運動不夠

在青春期，不僅女孩的骨骼在加速生長，她們的生殖器官也會經歷一個加速生長階段。陰道在長度上幾乎增加兩倍，卵巢和輸卵管也在增大，子宮連同宮頸也在生長。隨着子宮的生長，子宮的形狀和位置也在發生改變。這些改變因為更為隱蔽而很少引人注意。

生殖器官的發育主要是在激素的推動下完成的。青春期始於大腦內的腦垂體，它分泌的促性腺激素，促使卵巢發育長大，卵泡成熟，產生雌激素。女孩身體的許多變化，包括乳房、子宮、陰部、臀部的發育，臀部脂肪組織的增多等主要都是雌激素作用的結果。許多婦科疾病的產生大都或多或少的與內分泌失調有關，如果激素分泌異常，就會影響子宮、卵巢等器官的發育，甚至影響將來的生育功能。

如前所述，腦垂體分泌激素的活動受到神經系統的調節，神經系統收集身體內外的信息（如身體的健康狀況以及環境壓力等等），經由下丘腦傳遞特定的信號給腦垂體，從而指揮腦垂體分泌促性腺激素。因此，營養、情緒、睡眠、環境、運動鍛煉等均會影響這一複雜的內分泌系統，進而影響到少女的生殖健康狀況。

● ● ● 睡眠

　　睡眠當然會影響少女的生殖健康。人的睡眠主要有兩種不同的類型：快速眼動睡眠和非快速眼動睡眠。在一個正常的睡眠週期中，這兩種睡眠交替出現。在快速眼動睡眠中，大腦相當活躍，伴隨有大量的腦電活動。有證據顯示，如果我們沒有得到足夠的快速眼動睡眠，那麼第二天時我們的身體就不能很好地運轉，學習和記憶能力也將受到影響。在非快速眼動睡眠中，大腦很安靜，但許多重要的身體功能正在進行之中，比如身體在釋放生長激素、促性腺激素，卵巢也在釋放雌激素。因此，如果睡眠不足，就會干擾內分泌功能，阻礙少女生殖系統的健康發育。

　　對於青春期的女孩，保持充足的睡眠非常重要。成年人一般需要每天八小時的睡眠，對於快速成長中的青少年來說，其每天的睡眠時間應該超過八小時。但是現在的孩子們每天要做得事情太多了。除了很早到學校上課，很晚才下課，放學後還要去上各種各樣的家教輔導課程，如鋼琴、繪畫、舞蹈，晚上還有一大堆作業等着他們。大多數中學是上午八點左右開始上課，孩子們至少要在七點起床。按每天九小時的睡眠時間計算，他們至少要在晚上十點以前上床睡覺。但是，很少有中學生能在這個時間上床睡覺。中國青少年研究中心的調查顯示，從 1999 年至今，中國的中小學生半數以上睡眠不足，學習超時，而且情況越來越嚴重。"大城市少年兒童生活習慣研究"調查顯示，平時學生睡眠情況是：小學生平均每天 9.03 小時，不足 10 小時的佔 66.6%，不足 8 小時的達到 1/4；中學生平均每天 7.88 小時，不足 9 小時的佔 77.1%，不足 7 小時的達到 1/3。48.2% 的學生自己明顯地感覺到睡眠不足。

●●● 運動

　　運動鍛煉對少女的生殖健康非常重要。在校女生如果不注意鍛煉，常常久坐不動，很容易導致血液循環變差，經血運行不暢，引發月經不調和痛經。現實讓人憂慮：今天的孩子們坐着不動的時間更長了，運動的時間更少了。大多數孩子的閒暇時間，不是坐在電視機前，就是坐在電腦前，交友、娛樂、購物也可以在網上完成，他們只需要靠在椅子上，一動不動。在學校裏，成績和升學往往被視為第一要務，體育課和課間活動也被大大壓縮。青少年每天至少應該從事 60 分鐘中度到強度的體育活動，但達到這一標準的學生比例很低。女生缺乏體育鍛煉的情況更為嚴重，一項對學齡兒童的國際調查表明，幾乎在所有的國家和所有年齡段中，女生進行日常鍛煉的比例都低於男生。

　　適當地參加體育鍛煉對於青春期的女孩來說尤其重要。運動能夠刺激大腦，提高學習效果，通過促進大腦血液循環，為大腦提供休息時間，並刺激神經傳遞介質（如去甲腎上腺素和多巴胺）的釋放，這種物質可以強化和激勵學習過程。適當的體育鍛煉，不僅幫助她們保持健康的體型，還可以增強腹部肌肉和韌帶的力量，增加柔韌性，改善微循環，使子宮動脈血流量增加，血流速度加快，緩解子宮缺血，減少月經紊亂、痛經等問題的發生。經常參加體育鍛煉的女生，對自己的身體會更加滿意，更有自信，情緒更穩定，精力更充沛，也更有活力，這也有助於減少痛經發生的頻率，減緩痛經的強度。

培養女孩好榜樣：
俞敏洪的經驗

為了女孩的健康，父母應該如何給女孩減壓？

俞敏洪是新東方的創始人，最近他在一篇《什麼樣的家庭教育才能培養出成功的孩子》的文章中，分享了他給女兒減壓的做法。

對於女兒的學習成績，俞敏洪是這樣做的：

我女兒學習水平現在處於中等，但我從來不以此作為女兒是否要努力的標準。我和我老婆的教育理念相反。我老婆是女兒不進前 5 名就會生氣，而我剛剛相反，我女兒第 15 名我很高興，我每次都會對女兒說："你看你們班 40 個同學，你 15 名，後面還有 25 個人，你多厲害！"從孩子一輩子的角度來說，你的孩子分數是好是壞，進北大還是進普通大學，沒有任何的本質區別。真正能把孩子一輩子距離拉大的，是與他為人處事有關係的人品問題。

課外班、興趣愛好班也可能是女孩經常的壓力之一，這種壓力有時並不比學業壓力小。俞敏洪是這樣對待孩子彈琴的：

我女兒很喜歡彈鋼琴，從 5 歲就開始彈，彈着彈着就變味了，一級一級地考上去，每個星期都要上課，每次都坐一個小時不能動，結果把我女兒彈鋼琴的興趣全部扼殺掉了。我女兒不想學了，而我老婆強迫她學。

我問我老婆，你的孩子在 10 歲的時候就過了鋼琴十級，請問她 10 歲以後還學不學彈鋼琴？如果她 10 歲以後不學，那從她 1 歲到 10 歲學鋼琴有什麼用？你如果不是想把孩子培養成一個偉大的鋼琴家，那麼你讓孩子 10 歲就通過十級考試是沒有道理的。第二，你讓孩子這麼學，讓她對鋼琴失去興趣了，她根本就不愛彈鋼琴了。

我和女兒說，爸爸不強迫你學，也不讓你考級。爸爸這輩子很後悔的事情就是不會演奏樂器，演奏樂器可以排解鬱悶。學習鋼琴原則上不是為了讓你考級，而是為了幫你尋找抒發心情的渠道。未來你一定會進入社交圈，如果你能在朋友唱歌的時候進行鋼琴伴奏，這樣你會得到別人的尊敬。如果你不想學，能不能保持你現在的水平。我女兒其實是很喜歡鋼琴的，作業做累了，就彈半小時鋼琴。這以後她每個禮拜跟老師學一次，學習鋼琴的興趣也越來越濃了。

壓力是大是小，父母的看法很重要，未成熟的孩子承受壓力的能力還很稚嫩，學會給孩子減壓，是父母的必修課。

關注女孩生殖健康的 5 個建議

建議 1：告訴女孩關於月經的知識

今天的女孩進入青春期的年齡更小。根據中國學生體質調研的結果，從 1985 年到 2000 年，城市女生的平均初潮年齡從 13.09 歲提前到 12.78 歲，鄉村女生的月經初潮年齡則從 13.80 歲提前到 13.22 歲。有的女孩可能 9 歲就開始有月經了，也有的女孩要等到 14 歲或 15 歲才有第一次月經，這些都有可能是正常的。

在月經到來之前，父母最好應該讓女兒對即將發生的情況做好心理準備。前面我們談到，月經是一個神奇的過程，了解這個奇妙的過程可以緩解很多女孩的不安。事實上，即使父母沒有跟女兒直接談論過月經，她們也會從各種途徑，包括父母無意識的言行中，了解到一些支離破碎的信息，而其中有許多可能是對月經的偏見。比如，好多女孩從一開始就把月經看成骯髒和不潔的（人們常用 "倒霉了" 來指代月經），這會給她們的自我意識帶來很大的衝擊。

母親對月經的態度，對女兒來說至關重要。母親要認真考慮自己對月經的態度，是否將它看作正常的，而不是煩人的和痛苦的經歷，避免在無意識中把一些負面的看法傳遞給女兒。要知道，月經和月經週期中蘊藏着女性完整的生育能力，絕對不是一件令人羞恥的事情。有研究者指出，母親對女兒來月經和身體上出現的變化保持沉默，女兒會把這看作是對其女性角色的排斥。

如果女兒感興趣，母親可以給女兒講講自己的青春期，或者回憶一下當時自己的姐妹或好朋友是如何看待月經的。如果年輕時母親對月經的看法是負面的和有偏見的，那麼在跟女兒分享當時的看法之後，還要一起去反思這些觀念，共同了解關於月經的科學知識。這對提升女兒的自我認同感很有幫助。

因此，明智的做法是，對青春期女兒的身體變化保持關注，激發她對女性身體運轉的興趣，幫助她了解自己的身體，知道月經週期時她的身體在發生什麼樣的變化。這將有助於她們接納自己，建立良好的性別角色意識。

建議 2：記錄月經週期，明瞭身體變化

記錄月經週期是十分重要的。應該鼓勵女孩養成習慣，在每次來月經時，在日曆上圈出第一天的日期。記錄自己的月經情況，有助於女孩描繪出自己月經來潮的模式，預測下次的日期，並清楚地了解有無月經漏來的現象。

此外，也可以記下發生的其他事情，如發生了什麼使她不安的事情，擔心考試，跟朋友吵架了，寫作業到幾點，睡了幾個小時，有何感受，是否感到緊張或脾氣暴躁等等。這樣，女孩就會對自己一個月的生活和情緒有個概括的了解，發現哪些事情會影響自己，學會正確地解釋它們，

從而掌握自己的生活節奏。

第一階段：月經週期的第 1-2 個星期。雌激素和內啡肽水平逐漸提高，女孩情緒穩定而活躍，常常會覺得生活悠閒而輕鬆。雌激素是對女孩的身體、精神和情感最有影響力的荷爾蒙，它還控制着四種重要的神經遞質：去甲腎上腺素、5- 羥色胺、多巴胺及乙醯膽鹼。這些神經遞質主要是控制情緒的穩定、思考的過程、理解力、記憶力、親昵行為的動機、愛好、焦慮以及女孩如何處理外來的壓力。

第二階段：月經週期開始兩個星期之後。雌激素水平上升後會突然降低，女孩可能會感覺孤獨，憂鬱，有些女孩可能會碰到情緒調節方面的困難，情緒波動較大，甚至會感覺自尊一落千丈。

第三階段：排卵期和排卵後期。雌激素水平又開始上升，孕酮也開始增加，而且在排卵期後大約七、八天達到頂峰。孕酮的增加也起着穩定情緒的作用。女孩在這一階段常常會感覺良好。

第四階段：後期。雌激素水平降低，接着孕酮和內啡肽減少，情緒狀況惡化，表現為生氣、神經過敏、易怒、悲傷、失望、缺乏自尊。

---

① 邁克爾・格里安，女孩是天賜的，遼寧教育出版社，2003 年。

建議 3：爭取更多的睡眠時間

對於青春期的女孩，保持充足的睡眠非常重要。成年人一般需要八小時睡眠，對於快速成長中的青少年來說，其睡眠時間應該超過八小時。

希望父母和老師能夠認真想想睡眠不足的傷害，不要在青春期給孩子的未來幸福埋下隱患。父母可以通過合理的時間安排，減少課外輔導課程，以及培養孩子良好的時間管理習慣和作業習慣，來為孩子贏得更多的睡眠時間。

建議 4：堅持鍛煉，培養良好的身體感覺

更多地參加體育鍛煉對於青春期的女孩來說尤其重要。適當的體育鍛煉，不僅幫助她們保持健康的體型，還可以增強腹部肌肉和韌帶的力量，增加柔韌性，改善微循環，使子宮動脈血流量增加，血流速度加快，緩解子宮缺血，減少月經紊亂、痛經等問題的發生。

經常參加體育鍛煉的女孩，對自己的身體會更加滿意，更有自信，情緒更穩定，精力更充沛，也更有活力。跑步等有氧運動，可以釋放出一種叫內啡肽的物質，它可以令人感到安寧、舒適和滿足。瑜伽則有助於改善心境，有助於女孩保持平靜安詳的情緒和控制感。

鼓勵女孩盡可能多地從事體育鍛煉，除了傳統的女性運動項目，如瑜伽、健身操等，也要鼓勵女孩多參加團體運動項目。父母是女兒最好的榜樣，讓孩子看到父母在跑步、做仰臥起坐或俯臥撐，跟着健身操的節目運動等等，都可能引起她的積極仿效。

建議 5：健康飲食

青春期的很多女孩都怕長胖，在吃的方面往往會有些苛刻和挑剔。父母要讓女孩明白，在她們身體發育的時候，體重的改變會非常大，甚至在幾天內也可能有起伏波動，比如月經來的那幾天，體重都可能比其他時候有所增加。對青春期女孩來說，脂肪儲存是挺正常的一件事情，它幫助維持身體機能的良好運轉。女性儲存脂肪的能力通常是男性的兩倍，這不但有助於將來懷孕和哺乳，而且是健康的生殖系統所需要的，當女孩體內的脂肪含量過少時，她可能會停經。

青春期女孩的生長變化非常快，她們比成人和兒童需要更多的營養。為了維持健康，女孩每天需要吃各種各樣的食物：

➢ 大量的穀物：米飯、麵食、麵條、穀類、麵包；
➢ 大量的蔬菜和豆類；

➢ 大量的水果；

➢ 適量的奶製品；

➢ 適量的魚、肉、蛋、堅果等。

發現女孩之五：
心理早熟的女孩

英國學者 Geoff Harman 對女孩的心理早熟提供了量化結論[1]：在 11 歲時，女生口語能力、讀寫能力和計算能力的發育水平分別比男生早 11、12 和 6 個月。

女孩在自制力和言語兩個方面的領先表現尤為明顯。

一、自制力領先

與男孩相比，女孩大腦中控制衝動的區域 —— 大腦額葉發育得更快一些，所以，小女孩往往能安安靜靜地坐在教室裏聽課，她們更容易遵守紀律和老師的命令要求。性別差異領域的著名專家埃莉諾·麥科比曾作過統計[2]，在醫院的候診室裏，有遠遠多於女孩的男孩伸手觸摸父母告誡不要動的東西，父親對男孩說 "不" 和 "住手" 的比率是女孩的兩倍。

---

① 龐超，英國中小學男生學業成績相對落後問題透析，外國中小學教育，2007 年第 10 期。
② 蘇珊·吉爾伯特，男孩隨爸，女孩隨媽，中信出版社，遼寧教育出版社，2003 年。

二、言語領先

女孩獲得語言、發展言語技能的年齡較男孩更早，女孩通常比男孩更早開始說話，其中一個重要原因就是女孩大腦額葉與顳葉中的布洛卡區和韋爾尼克區（大腦中主要的語言中樞）比男孩發育得更早。因此，有研究表明[1]，十個月大的女孩有半數能說出三個單詞，而十個月大的男孩有半數只能說出一個單詞。到 16 個月大時，半數的女孩可以說 56 個單詞，而半數的男孩只能說出 28 個單詞。除了語詞數量上的優勢以外，女孩在發音的準確性和流暢性上也優於男孩。

當然，大腦發育更早並不是女孩善於運用語言的惟一原因，父母和其他照顧者也扮演着重要角色。心理學研究發現，在照料嬰兒的過程中，父母通常更多地與女兒說話，也更可能以自己沒有察覺的微妙方式鼓勵了女孩更多地說話。

---

① 蘇珊·吉爾伯特，男孩隨爸，女孩隨媽，中信出版社，遼寧教育出版社，2003 年。

不當節食減肥

"我還可以再瘦點兒！"

　　我叫邢麗穎，13 歲，今年上初二，我從小就胖，同學們都叫我企鵝。不過我現在瘦下來了，而且，比其他女生都瘦，一米六二的個子 38 公斤。剛瘦下來那會兒，我把班裏的男生女生全震了，那時候心裏特別有成就感，感覺我征服了全世界！

　　說到減肥，還要從兩年前那次家庭戰爭談起。我父親是位工程師，他似乎每天都在忙工作，很少關心我，當然，除了學習成績。那次我期終考試沒考好，父親得知後，氣急敗壞地在飯桌前發起火來："吃、吃、吃，你就知道吃，都吃成肥豬了！"我霎時覺得如梗在咽，跑到廁所，把吃的飯全吐了出來。從那兒以後，我下定決心，一定要減肥！

　　在我們學校流行一句話，"連自己的體重都掌握不了，如何掌握自己的命運！"聽上去像是一句戲言，但在我聽來更像是真理，為了我所追求的真理，我每天很少吃飯，並儘量多地運動。我也有禁不住誘惑的時候，偶爾會跟同學去麥當勞暴吃一頓，但每次吃完後，我都後悔不已，於是，更加努力地節食、運動。我清楚地記得，從 130 斤減到 100 斤我只用了一個月的時間。

　　我家有一個體重計，每天晚上臨睡前，我都要偷偷地稱一下體重。

如果瘦下來一點兒，我會很有成就感，覺得這一天沒白過；但如果體重不減反長，我就會很苦惱，覺得受不了，其結果很可能是第二天被噩夢驚醒！

自從減肥成功後，我覺得更有安全感了，我喜歡這樣的生活，一切都在我的掌握之中。雖然同學說我已經很瘦了，但我總覺得還不夠瘦，我還可以再瘦點兒！

這是一位女孩的自述[1]。瘋狂嗎？且看 2011 年 3 月 10 日《羊城晚報》記者陳輝的報道《少女瘋狂減肥餓剩一張皮》：

"身高 1.68 米，入院體重 29 公斤"—— 14 歲的小敏的病歷上寫着這樣觸目驚心的數字，"她當時的樣子就像是一副解剖室裏的骨架蒙上一層皮，是被人抱進診室的。"中山大學附屬第三醫院精神心理主任醫師關念紅拍拍病歷對記者說。這樣的"29 公斤少女"她已經接診了好幾例，其中一人已經不在人世，成為減肥名副其實的犧牲品。

關念紅說，20 年前她出診心理門診，一年會碰到幾例厭食症患者，而現在她一個星期就能接診幾例，患者幾乎都是漂亮的花季少女。

……

減肥前的小敏身高 1.68 米，體重 57 公斤，身材勻稱，是同學圈中的"高個兒小美人"。一次體育課上，小敏穿上運動短褲，被同學戲謔"大腿怎麼變粗了"。一句戲言，卻讓愛美的小敏認為是同學對她的"警醒"—— 她變胖了。小敏開始減肥。

---

① 鄭鑫，孩子，你為何愛上節食，飲食科學，2010 年第 3 期。

她的減肥餐單很簡單，就是每餐只是吃一個蘋果，實在太餓了就多喝水，每天至少在跑步機上跑兩個小時。乍看這樣的餐單很熟悉，很多愛美的女明星、女藝人都是以"水果＋運動"作為生活減肥的主要手段。

　　小敏的減肥目標是體重 80 斤，當她歷盡艱辛達到目標想要停下來時，卻發現身體已經不再受她控制了。她只要吃一點點東西，胃都會發脹、難受。嚴重的時候甚至嘔吐。體重繼續失控地往下掉！月經停了，每天精神乏力，什麼事也做不了，一兩天不吃東西也不覺得餓。這時候，小敏非常害怕，但已經來不及了，體重還是不斷下降，身體狀況越來越糟，皮膚極易潰爛，走路多一點大腿根就會磨破，衣服洗完，媽媽必須用手把衣服揉得軟軟的，才敢給她穿，她不得不休學……

　　當小敏被抱進醫院診室的時候，"她當時的樣子就像是一副解剖室裏的骨架蒙上一層皮，已經是嚴重的營養不良，面色蠟黃，皮膚極其粗糙，頭髮稀稀拉拉只有幾根，她已經連坐的力氣都沒有，只能趴着回答我的問題"，關念紅對小敏初次就診的情形記憶猶新。對於小敏的暴瘦，家人心急如焚，以為腸胃出了問題，帶着小敏輾轉看了幾家醫院的消化內科，最後來到心理門診，才知道女兒患上的是"神經性厭食症"。

　　小敏的身體為何會失去控制？關念紅解釋，減肥過度體重下降到一定程度時，大腦的海馬體會受到損傷，對食物的厭惡程度增加，大腦會分泌一種激素讓身體覺得"不需要食物"而患上厭食症。

　　事實上，今天的許多年輕女孩已經進入了一個瘋狂的減肥時代。她們拚命節食、拚命鍛煉、拚命做健身操，累得幾乎昏倒在地。一些心急的女孩甚至拿手摳喉嚨使自己難受嘔吐，以至身體極度虛弱，付出慘痛代價。

　　進入青春期以後，女孩身體的肌肉和脂肪在朝着與男孩不同方向發展，男孩的肌肉組織迅速增長，而女孩的脂肪則大量增加，青春期男孩肌肉脂肪增長比例大約為 3：1，而女孩的比例則大約為 5：4，這使男孩看上去越來越健壯，女孩身體越來越豐滿。女孩體內迅速增加的脂肪會重點分佈到乳房、臀部、髖部等部位，最終使女孩的形體看起來日益豐滿。女孩體內更高的脂肪水平，是具有進化意義的，這是為女孩將來承擔母親角色——生兒育女哺乳後代所必須做的準備。

但是，脂肪的增加，使許多女孩開始把脂肪當作"敵人"，通過各種方法進行減肥，即使是她們的體重處於正常範圍內也是如此。對廣州市 4 所學校 2057 名中學女生的調查表明 [1]：女生的超重率為 6.6%，肥胖率為 2.7%，消瘦檢出率為 9.5%。值得注意的是，在不屬於"超重和肥胖"的女生當中，卻有 34%"自認為超重或肥胖"，31.5% 採取過各種減肥行動，17.8% 採取過不良減肥方式進行減肥。在"超重或肥胖"女生當中，有 45.8% 的女生採取過不良減肥方式進行減肥。

與男孩相比，女孩對身體形象的關注度更高，她們有更高的身體形象壓力，更容易受到不健康的減肥潮流的影響，更多的青春期女孩和女大學生會把"苗條"身材作為追求的目標。對廣州市 4 所學校 3875 名初高中學生的調查表明 [2]：男生不良減肥行為的發生率為 8.9%，而女生則高達 17.8%。正是這種對身體形象的過分關注，使許多體重正常甚至消瘦的女孩仍然認為自己體重過胖，錯誤地進行各種有害健康的減肥行為。

一項對中國女大學生的調查表明 [3]：有七成女大學生正在忙於減肥，在北京重點高校的大三女學生中，95% 已經加入"減肥娘子軍"。北京在校

① 鄧曉娟等，廣州市中學生減肥行為及其相關因素分析，中國學校衛生，2007 年第 6 期。
② 同上。
③ 女大學生減肥調查：八成女生認定身材關係前途，http://news.sohu.com/20051129/n227623622.shtml。

女大學生中，體重超標以及達到"肥胖"的標準的總計只有 7.3%，卻有超過 50% 的"骨瘦如柴"型的女學生曾經或正在減肥。減肥過程中，使用錯誤減肥方法的比例累計高達 90%，其中，最流行的方法是吃減肥藥、"蘋果餐"和絕食。

還有更瘋狂的手段，聽起來恐怖又可悲。據《重慶晚報》2004 年 2 月 16 日的報道：

某大學女生雷雷（化名）昨天剛從人流手術台上下來，便在好姐妹的陪伴下逛了一遭歌樂山。雖虛汗直冒，臉色蒼白，她仍堅持從山腳到山頂走了個來回。據與雷雷同行的蔣玲玲（化名）介紹，起初雷雷精神狀態很好，可後來越走越慢，歇氣的時間越來越多，快到山頂的時候，雷雷臉色蒼白，汗水直冒，虛弱得站都有些站不穩，仍堅持走到了山頂。三人在山頂吃午餐後，原路返回。據蔣玲玲稱，雷雷在途中用礦泉水吃了兩次止痛片，五次躲到一邊"方便"。據稱，晚上三人還要去網吧熬夜。"這樣減肥效果才好！"

蔣玲玲說，人流後長時間熬夜、進行強體力運動減肥很有效，目前在年輕人中非常流行。她們都聽信了網絡上所謂的"成功減肥者"忠告：妊娠和做一次人流不容易，要最大限度地發揮減肥作用，就一定要繼續節食，同時保持一定的運動量。

這簡直是把健康當兒戲。這種只顧眼前、不管明天的瘋狂舉動，未來將會付出多麼慘痛的代價呢？她們的身體和心理會出現什麼情況呢？

不當減肥，減掉的還有健康

　　不當減肥除了使女孩患上貧血、甲狀腺機能亢進等營養性疾病以外，還會引起內分泌失調，使身體機能發生紊亂。

　　　　　　　　——左世斌，北京醫科大學第三附屬醫院主任營養師

　　節食會導致身體長期熱量不足，各器官的功能因此受損。如果女性體內的脂肪含量低於 15%-20%，就會導致月經紊亂或停經，甚至影響生育。此外，長期過度節食也會導致厭食症，嚴重的還會誘發抑鬱症。

　　　　　　　　——朱慧娟，北京協和醫院內分泌科博士

　　不當節食減肥的效果是不能持久的。單純依靠節食減肥，有 41% 的人會出現反彈，將近 2/3 的人在四五年後體重會反超。

　　　　　　　　——美國加利福尼亞大學的研究結果

••• 導致生長發育受阻

青春期是一個人生長發育最旺盛的時期，營養缺乏將會直接影響人的生長發育水平。青春期女孩正處於身體發育的關鍵時期，身體的各個器官在迅速發育之中，生理代謝十分旺盛，本身就需要消耗大量的能量和各種營養物質。中學時期的課業負擔又非常巨大，這進一步增加了她們對各種營養物質的需求。因此，青春期女生所需要的能量和營養物質，應該高於成年女性。醫學研究認為：青春期女孩每日所需要的熱量一般不能少於3000 千卡，如果達不到這一標準，就會影響生長發育。

不當節食減肥還會影響青春期女孩的身高增長，而這一點是幾乎所有拚命減肥的年輕女孩都不希望出現的結果。為什麼現在孩子的身高普遍比父母高，一個很重要的原因就是今天的營養條件遠遠好於過去，充足的營養使男孩女孩的身高潛能得到了最大程度的實現。節食減肥會導致所攝取的能量和各種營養物質的缺乏，最終影響到女孩的身高增長。不當節食減肥的女孩，其身高可能會因此而矮了一些。

••• 引發閉經

大學生小紅（化名）是重慶市某高校的大二學生[1]，身高 1.53 米。有一天，在途經重慶解放碑一藥房時，碰巧稱了一下自己的體重，哪知指

---

① 黃蟲，女大學生飢餓減肥自斷生育路，飲食科學，2003 年第 9 期。

針指向了 41 公斤，比平時的 38 公斤足足多了 3 公斤！這一體重硬是把她嚇了一跳，旋即，小紅給自己定下了減肥計劃 —— 通過飢餓減肥。

小紅的減肥計劃在普通人看來已經近似自虐：中午，只吃兩份素菜，其中一樣一定是豆腐 —— 那就是小紅臆想中的 "肉"；晚上一般不吃；早上通常是不到 5 點就醒了 —— 餓醒的，然後隨便吃兩塊餅乾了事；最重要的一點是絕不能吃米飯和肉。

即使是在進行如此殘酷的 "飢餓療法" 的同時，小紅也還會堅持每天晚上約上同學到操場上去倒走散步；上網從不聊天，只查看與減肥有關的信息；早上勉強充飢的食品也必須是蘇打或消化類的低脂肪餅乾。

在如此情形下堅持過了 4 個月，小紅終於將體重控制到了 34 公斤。

但是，減肥的成功也讓小紅付出了沉重的代價：走路打偏偏，而且更為嚴重的是竟連續 4 個月沒有來例假了。到醫院檢查後，醫生診斷為子宮幼小，已呈低齡化，不能生育了。如果還不停止減肥，將發展為厭食症，到那時將有可能危及生命。

目前小紅只能靠吃激素類藥物來增加荷爾蒙的分泌，以維持女性性徵。

醫學研究指出[1]，不當節食減肥容易引起人體蛋白質缺乏，最嚴重的後果就是引發閉經。

正常女性一到青春發育期，腦垂體會分泌大量的促性腺激素，促使卵巢成熟，出現排卵，開始月經初潮，並逐漸有了規則的月經。這種促性腺激素是一種含糖的蛋白質。缺乏蛋白質營養的人，就不能分泌足量的促性

① 容小翔，少女閉經禍起過度減肥，中國食品，1998 第 3 期。

腺激素。以小動物為被試的試驗證明：小動物在長期捱餓之後，就會出現腦垂體功能衰退，不能分泌大量的促性腺激素，從而導致其卵巢等生殖器官萎縮，功能減退。人同樣也是如此。醫生們還發現，有些女孩就算恢復了食慾，體重上升後仍會閉經多年，這是因為長期飢餓使腦垂體功能損傷後，短時間不能立即恢復正常的分泌功能，其主管的卵巢也難以恢復。

18 歲女孩的體內脂肪至少要佔體重的 23%。據研究，這是她們將來能夠懷孕、分娩及哺乳的最低脂肪水平。低於這個水平，就很容易造成原發性閉經。只有當女性的脂肪佔體重的 30-35%，男性的超過 25% 的時候，才可以稱為肥胖。

除了閉經，不當節食減肥還容易引發月經週期失調，過瘦的女性往往會懷孕困難，過瘦的女性進入更年期的時間也更早。

知識鏈接：脂肪不是女孩的敵人

許多女孩之所以不當節食減肥，是因為她們缺少知識，她們可能會人云亦云，把脂肪看作 "敵人"，而不知道一定水平的脂肪其實是她們的朋友 —— 健康的保障，她們也對節食減肥的危害缺乏足夠的了解。

當青春期來臨時，父母要有意識地讓女孩了解這方面的相關知識。當女孩進入身體快速發育期，對體內迅速增長的脂肪感到無所適從時，父母要以歡迎的態度告訴女孩，她正在走向成熟，她體內的脂肪其實是她的朋友，脂肪的積累在為她將來當媽媽做準備，她體內脂肪的迅速增加是雌性激素作用的結果，這都會讓女孩以正面的態度迎接脂肪的增多。

••• 智力、自信心與自尊心下降

一項對 164 名 12-14 歲青少年的調查表明[1]：急劇的節食會對思維能力造成損傷。體重下降的同時智力水平也會降低。人在從事腦力勞動時，需要消耗大量的能量和各種營養物質，時刻需要保證充足的氧氣和各種營養物質的供給。人的記憶能力與大腦細胞的營養狀況也有密切關係。節食減肥所造成的營養不足，會使腦細胞早衰，損害記憶能力，影響思維過程的正常進行，並危及智力表現與學業成績，影響其學業自信心。

過度節食減肥的女孩，其身體滿意度往往也較低，這些都是女孩自尊和自我價值感的殺手。一項對 9-15 歲學生的調查證實[2]，對自己外表太過關注的女孩，不能充分發揮她們的優勢。女性心理學家烏爾蘇拉·努貝爾認為："對自己身體感到滿意的女性具有穩定的自我價值感，她們相信自己，知道自己能做什麼，懂得尊重自己，不會認為她們的價值取決於外表"。

神經性厭食症

不當節食減肥的最嚴重的後果莫過於患上"神經性厭食症"（又名嗜瘦症）。這是一種潛在的致命的飲食障礙。厭食症患者對身體變胖有一種病態的恐懼，情願做任何努力以清除體內的脂肪。厭食症患者會持續性節食，吃得越來越少，直到瘦的皮包骨頭，看起來像一具站立的骨架，他們仍然堅持認為自己的營養太好了，還可以再多減幾斤。

---

① 西爾維婭·施奈德，陽光女孩：給父母的女孩教育手冊，湖北長江出版社，2006 年。
② 同上。

2006 年 11 月 14 日，巴西名模安娜・卡羅琳娜・海斯頓 —— 意大利著名時裝品牌喬治・阿瑪尼的形象代言人，英年早逝。她的死因就是節食導致厭食症及併發症。神經性厭食症使她的全身器官受到感染，入院 3 週後即告死亡。去世時，身高 1.74 米的卡羅琳娜體重僅剩 40 公斤。在她死後，人們發現她的食譜上只有兩樣東西：蘋果與西紅柿。

2006 年 8 月，22 歲的烏拉圭名模路易絲・拉莫斯因為營養不良導致的心臟病突發死亡。據了解，她死前已經好幾天沒有吃過東西了。之前的數個月，她也只喝飲料和吃綠色多葉蔬菜。半年之後，2007 年 2 月，她的妹妹 —— 模特艾蓮娜・拉莫斯也因營養不良引發的心臟病而死亡⋯⋯

數據顯示[1]，1/200 的青春期女孩深受神經性厭食症的危害（在青少年男孩和成年婦女中的發病比率大約是 1/2000）。

如果沒有得到專業性的治療，大多數神經厭食症患者的狀況將不會有任何改善，大約有 6% 的厭食症患者最後會選擇自殺或者餓死。即使是那些倖存下來的女孩，因為身體長期得不到足夠的維生素、礦物質與營養，其身體內臟器官組織結構受到嚴重損傷，身心各器官的功能嚴重衰退，往往會留下永久性的身體傷害。

---

① David.R.Shaffer 著，鄒泓等譯，發展心理學，中國輕工業出版社，2005 年。

知識鏈接：最瘦的人死亡率最高

一項歷時 24 年、調查了 5000 多人的研究中 [1]，研究者發現：最瘦的人死亡率最高。除了心血管疾病，最瘦人群在其他疾病方面的死亡率都是最高的。比平均體重輕 15% 的女性，容易得肺炎、流感和消化系統疾病。美國加利福尼亞州另外一項針對 7000 人的研究發現，死亡率最高的是那些比平均體重低 10% 的人。

---

① 顧玉清、田野，法國立法禁止 "以瘦為美" 人生與伴侶 (月末版)，2008 年第 7 期。

扭曲的審美傾向：把異常當作正常

魯豫是鳳凰衛視的著名節目主持人，她的瘦，其實讓很多人不忍心去看，時事主持人曹景行先生形容得很貼切：一根火柴棍加一個大腦袋。在她的自傳中，她公開承認："人越瘦越美"是她一生追逐的信條。[1]

作為一個出色的女性公眾人物，她的這個人生信條對女孩和女性有誤導作用。

在今天形形色色的電視廣告、時尚雜誌和電影中，苗條身材常常被當作女性吸引力的必要指標。模特、流行女歌手、女演員、廣告明星，這些眾人矚目的女性形象變得越來越苗條。年輕的女孩將她們作為比較和模仿的對象，好身材將永遠遙不可及，永遠也達不到"理想女性"的苗條標準。

事實上，那些走在 T 型台的女模特，其身材十有八九是異常的，屬於"病態"。那些身材過分消瘦的女模特，說得不客氣，是商業社會製造出的"怪胎"和"異類"。時尚產業就像一個巨大的陰謀，把 99% 的平常女性難以達到的病態身材打造成為一種"標準"，人為地製造時尚與潮流。

心理學家托馬松博士曾對巴西近 2000 位模特進行了長達 11 年的追蹤

---

① 陳魯豫，陳魯豫・心相約，長江文藝出版社，2003 年。

研究 [1]，調查了時尚行業是如何製造這種 "病態" 標準的：如果一個人的身材超出了行業標準一丁點兒，她就會被認為 "病態的肥胖"，從而助長了一種完全不切實際的美麗標準。而要達到這種所謂的 "美麗標準"，模特們要依靠特殊的食譜、處方藥和非法藥品、節食，甚至利用藥物破壞消化系統來達到減肥的目的。托馬松博士把模特公司看作為 "厭食症患者兵工廠"。

英國 40 名專業醫生曾聯名給英國時裝委員會寫了一封信，認定時尚產業與女性厭食具有因果關係，認為 "時裝產業展示具有極端特徵的身體曲線是一個導致年輕女性厭食的確定因素"。

不幸的是，時尚產業的這個陰謀還是成功了。當代社會中的許多女性正身陷其中，花費大量的時間與金錢，企圖通過各種減肥手段來達到這種 "病態" 標準。在此過程中，時尚行業和節食產業都大獲其利，數字顯示，美國的節食產業在 1997-2007 年間增長了兩倍，達到 333 億美元。在中國，各種名目繁多的減肥廣告鋪天蓋地，一份市場研究報告顯示，2010 年中國減肥產品市場總額將達到 600 億元人民幣。在這些數字的背後，隱藏着多少因節食減肥而正在遭受身心傷害的女性！

---

① 欒習芹，名模之死引發 "討瘦風潮"，世界文化，2007 年第 3 期。

知識鏈接：芭比娃娃不是好榜樣

風靡世界的芭比娃娃其實對女孩並沒有什麼好處，芭比娃娃給所有的女孩和女性樹立了一個不可能達到的標準，過高的胸部，過瘦的腰部，過於性感的身材，加上一個迷人的娃娃臉，她完全是對女性身材過度誇張的產物。人們已經在正視芭比娃娃對成長中女孩的消極作用[1]：

> 美國民主黨國會議員傑夫·艾爾德里奇近日建議，應禁止銷售"芭比娃娃"及其類似玩具。他認為，這類玩具會對女孩造成負面影響。艾爾德里奇指出，像"芭比娃娃"這樣的玩具會給小女孩們造成這樣的印象：美麗的外表遠比發展智力和學習知識更為重要……他向美國參議院法律委員會提交了相關的法律草案。
>
> 美國女性組織表示，芭比娃娃過於"性感"，過於"完美"，為小女孩設置了不可實現的目標，最終結果就是傷害了她們的自尊心，使得她們對自己的容貌和身材感到自卑，因此她不是婦女解放的象徵，而是起着"迫害婦女"的作用。另一個對芭比最廣泛的批評，是她宣揚不切實際的女性身體形象，導致模仿芭比的女性會患上厭食症。批評者指出，女性如果要有芭比的身材，必須有 7 英尺 2 英寸高，重 115 至 130 磅，臀圍 30 至 36 英寸，腰圍 18 至 23 英寸，胸圍 38 至 48 英寸。

因此，芭比娃娃雖然比較流行，但她並不是一個好榜樣，我們建議女孩最好遠離"芭比娃娃"這樣的玩具。

---

① 對女孩有負面影響美議員建議禁售芭比娃娃，http://sci.ce.cn/kjsh/200903/06/t20090306_18411124_1.shtml。

培養女孩好榜樣：
索菲婭·羅蘭

索菲婭·羅蘭是意大利著名電影演員，拍了 100 多部電影，比如大家都很熟悉的《卡桑德拉大橋》，她曾經兩次獲奧斯卡獎。

但是，索菲婭·羅蘭是私生女，是一個遠房親戚把她養大。到了初中的時候，同學都發育得很豐滿，她還是胸前平平的。

16 歲時，索菲婭·羅蘭已經發育得有些超常了，但她第一次拍電影時就碰到了麻煩，攝影師圍着她轉來轉去，皺着眉頭，後來聳聳肩膀，去找導演：

"導演，你找來什麼破演員，真難看，沒法拍！"

導演一想，也是。索菲婭·羅蘭長得什麼特點呢？眼大、嘴大，什麼都大，確實很誇張。結果這個意大利著名導演卡洛就把索菲婭·羅蘭找來，跟她有一番非常經典的對話。

卡洛說：

"親愛的索菲婭‧羅蘭，您很有表演才能，但是我的攝影師抗議說，沒辦法把您拍得美艷動人，因為您的鼻子太高了，而且您的臀部過於發達，您得回去把它給處理一下。" 大家想想看，半個多世紀以前，美容業不發達，鼻子高一點可能還有辦法，但是臀部發達，你怎麼處理呢？很難處理。一個大導演對一個 16 歲的少女說這番話，你說誰受得了呢？但是，索菲婭‧羅蘭心理素質極佳，自我接受能力極強。她說：

"導演，我的鼻子是高了一點兒，臀部是發達了一點兒，這些都是我的特點，我不想為拍電影而改變什麼。世界上的美為什麼都要一個樣呢？"

這句話是一種美學見解！因為當時，影壇上流行的是奧黛麗‧赫本、葛麗泰‧嘉寶那種類型的小巧玲瓏、乖巧的美，而索菲婭‧羅蘭確實長得很誇張，眼睛和嘴都特別大。

卡洛導演聽了這句話，一下子覺得自己頓悟了，是啊，世界上的美為什麼都要一個樣呢？他連連向索菲婭‧羅蘭道歉：

"對不起，對不起，我不該向您提出剛才的問題，這樣吧，電影繼續拍。這個攝影師如果繼續抗議，我就另請高明，一定要把電影拍成。"

電影拍成了，一放映就引起了轟動，票房價值很高，而索菲婭‧羅蘭一發不可收拾，拍了很多好電影，成為一顆冉冉升起的明星。

索菲婭‧羅蘭得到的成功，與她的自我接納密切相關。在 2000 年的時候，她被評為 "千年美人"，現在還有索菲婭‧羅蘭品牌的化妝品。

避免不當節食減肥的 5 個建議

建議 1：幫助女孩建立真正的、堅實的自尊

許多女孩之所以熱衷於節食減肥，甚至不惜冒身體健康與生命的危險，就是因為她們缺乏自信，而且深受扭曲審美標準的影響，把自信建立在這種虛假的〝病態〞的形體上面。要擺脫這種影響，父母就要引導與幫助女孩建立真正的、堅實的自尊。

心理學家庫伯史密斯認為：自尊是指個體對自己所持有的一種肯定或否定的態度，這種態度表明個體相信自己是有能力的、重要的、成功的和有價值的。簡言之，自尊就是一種個人的價值判斷，它表達了個體對自己所持的態度。身體自尊是自尊的重要成分。

父母對女孩的看法是其自尊心的重要來源。

➢ 尊重女孩與生俱來的特點，不管高矮、胖瘦、美醜，發自內心的讚美她；
➢ 經常用讚賞性的話語描述她的行為；
➢ 在日常交往的言談舉上中自然地流露出對她的喜愛與欣賞。

如果女孩小時候就已形成一個較為積極的自我概念，具有較高水平的自尊，那麼當青春期來臨時，雖然體內脂肪迅速增加，體形會變得日益豐滿，她會很自然地接受這種生理的變化，更不會去做那些有損健康甚至危及生命的瘋狂減肥。

父母一定要記住：自尊是女孩對抗 "病態" 審美標準的絕佳武器。

知識鏈接：什麼是 "體重指數" ？

父母要與女孩一起了解與肥胖有關的科學標準 —— 體重指數（BMI，Body Mass Index）標準。體重指數即身高與體重比例，體重指數 = 體重（公斤）除以身高（米）的平方。比如：一個女孩的身高是 1.60 米，體重是 55 公斤，那麼，體重指數 $=55/1.60^2=21.5$，其體重屬於正常範圍。即使她的體重達到 60 公斤，其體重指數 $=60/1.60^2=23.4$，其體重仍處於正常範圍之內。

下面就是根據體重指數判斷肥胖與否的相關標準：

➢ 偏瘦：BMI 指數 <18.5；

➢ 正常體重：BMI 指數 18.5-25；

➢ 超重：BMI 指數 25-30；

➢ 輕度肥胖：BMI 指數 >30；

➢ 中度肥胖：BMI 指數 >35；

➢ 重度肥胖：BMI 指數 >40。

建議 2：鼓勵女孩堅持自己的個性

環肥燕瘦，美的標準是主觀的，瘦一點是一種美，胖一點也是一種美。
每一人都是不一樣的，每一個女孩都應該有自己的個性。如果女孩能堅
持自己的個性，她就不會因為身體豐滿一點而過度焦慮，也不會為追趕
所謂的時尚而減肥。有個性的女孩，會接納自己的身體，悅納並欣賞自
己與別人的不同。

建議 3：認清 "時尚" 的真面目

英國心理學家曾做過這樣一個實驗[1]：心理學家調查了二百多名 13-17 歲
的青少年，分成兩組，一組常看時尚雜誌，另一組不看時尚雜誌。15
個月後，常看雜誌的一組中有更多的人認為自己太胖，希望節食減肥，
而不看雜誌的那組則沒有這種情況。有多達 41% 的少女說她們節食的想
法來自時尚雜誌。

時尚的標準是不斷變化的。從歷史角度來看，人們對女性美的看法是在
不斷變化的，中國古代就有 "環肥燕瘦"、"楚王好細腰，宮中多餓死"
的說法。美國研究者曾分析 1901-1981 年在美國兩種主要時尚雜誌中
出現的女性照片，結果發現[2]：20 世紀初，魅力女性的標準是豐腴的身
體，20 年代是 "時髦女郎" 時代，時髦的外貌標準是瘦長平胸，40 年
代，漂亮女性的標準是豐腴的身材，50 年代，曲線優美的女性身材大
受歡迎（如瑪莉蓮‧夢露），60 年代，苗條身材成為女性新的身材標準。

---

① 欒習芹，名模之死引發 "討瘦風潮"，世界文化，2007 年第 3 期。
② Elliot Aronson 等著，侯玉波等譯，社會心理學，中國輕工業出版社，2005 年。

父母要盡力減少時尚對女孩的消極影響：

➤ 父母不要去購買那些時尚雜誌，更不要把它們帶回家放在客廳裏。

➤ 在看電視時，父母不要流露出對那些 "骨感" 模特的羨慕。

➤ 如果有機會，父母可以讓女孩明白這些時尚代表、模特們其實是商業化運作的結果，她們的處境遠不如舞台、T型台上那麼光彩奪目，她們的消瘦身材也往往是以犧牲健康甚至生命的方式獲得的。

建議 4：減肥要以健康為目標

愛美之心，人皆有之，青春少女對身體美的追求和渴望是正當的，而且真正的肥胖對健康也是有害的。我們反對的是：過度追求苗條，以犧牲健康為代價，單純通過吃減肥藥、節食甚至禁食來減輕體重。

健康減肥，首先要做到合理膳食。減肥的女孩每天要保證攝入一定數量的碳水化合物、蛋白質、維生素、礦物質及其他各種營養物質。在飲食方面，父母可以藉助專業書籍等幫助女兒得到科學的指導。

其次是適量的運動。減肥的女孩不適合進行劇烈運動，而應選擇有氧運動，每次要運動半小時以上，如游泳、登山、騎自行車等。父母要幫助女兒養成運動的好習慣，每週定時完成一定的運動量。

此外，充足睡眠也是健康減肥的妙招。2010 年 9 月 1 日的美國醫療雜誌《睡眠》刊登的一份研究報告顯示：青少年睡眠時間與肥胖之間有關聯。蘇珊·雷德蘭是美國 "貝絲·伊斯雷爾女執事醫療中心" 的研究人員，她帶領的研究小組曾對 240 名 16-19 歲的青少年進行了連續 5-7 天的研究。研究結果顯示：睡眠時間不足 8 小時的受試者平均每天攝入 1968 卡路里，而睡眠時間超過 8 小時的受試者平均每天的攝入量為 1723 卡路里。

研究人員發現了其中的原因。原因之一是睡眠不足會改變青少年的飲食習慣，睡眠時間較少的青少年從富含油脂食物中攝入熱量的比例更高，來源於碳水化合物的熱量較少，而研究證據表明，從油脂中攝取的熱量更容易轉化為人體脂肪儲存起來。原因之二是睡眠不足會引起人體內一種激素的分泌量降低，這種激素有助於分解油脂、降低食慾。缺覺同時導致體內生長激素分泌量增加，而這種激素對食慾有促進作用。

建議 5：父母的評價和做法很重要

父母千萬不要直接或間接評價女兒的胖瘦。前面提到的初二女生邢麗穎瘋狂節食減肥的誘因之一，正是父親氣急敗壞的辱罵："吃、吃、吃，你就知道吃，都吃成肥豬了！"青少年女孩往往會特別在意父親的看法，因為父親是她的第一個，也是目前生活中最重要的異性榜樣，父親對女兒的看法，代表了異性對女孩的看法。如果一個父親以欣賞的眼光看待女孩的身材變化，女兒就更有可能接受這些變化。母親的評價對女孩的影響也不容小視，母親的評價更易於獲得女孩的認同，因為她們都是女性，在肥胖、身體形象方面有共同語言。

除了不能直接評價女兒的胖瘦以外，父母還要注意自身行為對女兒的影響。如果父母特別在意自己的胖瘦，無形中就會向女兒傳遞"胖不好，瘦才好"的信息，把父母的胖瘦觀、審美化內化為自己的觀點，當青春期體內脂肪迅速增加以後，她們就能本能地選擇節食減肥。

當然，父母也不能用胖瘦去評價其他人。當父母用胖瘦評價其他人時，其評價所隱含的審美觀很容易被女兒識別出來，並自動用這種評價來評價自己，得出父母喜歡不喜歡自己的胖瘦的結論。

父母是女兒生命中最為重要的人，在青春期更是如此。

發現女孩之六：
更有韌性的女孩

與男性相比，女性是個更有韌性的性別，成年女性的生命力也更頑強。

在胎兒時期，女性胎兒的成活率就更高。在發育過程中，男孩出現發育失調症狀的幾率要比女孩高 3-4 倍[1]，男孩對各種危險以及疾病的不良影響更為敏感，更容易受到傷害。兒童和青少年時期，在常見心理疾病方面，女孩的發病率遠遠低於男孩。

在多動症方面，美國心理學會（APA）2000 年的權威數據指出[2]：多動症的男女比例為 2：1-9：1。國內有學者指出：男孩與女孩患多動症的比率為 4：1-9：1[3]。在自閉症方面，國外學者指出其發病率男女比例為 3：1-4：1[4]。在學習障礙方面，美國教育部 1988 年的統計數據顯示，男生為女生的 2.6 倍之多。我國學者認為，男孩與女孩患學習障礙的比

① Kraemer S, The Fragile Male, British Medical Journal, 2000.
② 劉毅，變態心理學，暨南大學出版社，2005 年。
③ 王建平，變態心理學，高等教育出版社，2005 年。
④ 勞倫‧B‧阿洛伊著，湯震宇、邱鶴飛、楊茜譯，變態心理學，上海社會科學院出版社，2005 年。

例可能在 2：1-6：1 之間，其中，在最為普遍的閱讀障礙上，患有嚴重閱讀障礙的男孩是女孩的 3 倍多[1]。在智力障礙方面，男女發病率比例為 1.5：1-1.8：1。

在各種成癮行為上，女孩的發生率也遠遠低於男孩。在網絡成癮方面，2008 年，中國青少年網絡協會發佈的《中國青少年網癮數據報告（2007）》指出：男性青少年比女性青少年更易沉溺於網絡。男性青少年網民上網成癮比例為 13.29%，女性為 6.11%，男性約比女性高出 7.18 個百分點；在網癮青少年中，男性比例達 68.64%，遠遠高於女性的 31.36%。在吸煙、酗酒、吸毒等成癮行為上，女孩的發生率均遠遠低於男孩。

對於女孩生命力更具韌性的原因，有學者從進化角度進行了論述：男性的 Y 染色體比 X 染色體更脆弱，Y 染色體本身比女性的 X 染色體更不穩定，更容易發生基因變異，其發生病變的可能性是女性染色體細胞的 10-15 倍。Y 染色體弱小而萎縮，僅有大約 78 個基因，而 X 染色體（女性染色體）上有 1098 個基因。而且，由於 Y 染色體形單影隻，它沒有機會與其他任何染色體結合，不能利用有性生殖提供的機遇與其他染色體交換 DNA，Y 染色體也無法自行修復基因變異帶來的損傷。

① 王建平，變態心理學，高等教育出版社，2005 年。

異性交往缺乏

優秀女孩緣何成了 "剩女"?

　　有這樣一位女性朋友,今年32歲了,身高相貌至少中上,碩士畢業好幾年了,工作也很穩定,收入也挺不錯的,只是平時很忙,週末有時需要加班,她目前還是孑然一身。

　　我們曾經都為她感到着急,但也沒幫得上什麼實質性的忙。

　　她出生在一個並不算偏僻的鄉鎮,父母都是鎮裏的普通工作人員,家裏不窮也不富,算是小康之家。在她父母看來,她從小非常聰明,從小學到中學,考試成績幾乎沒出過前五名。她是個比較省心的孩子。

　　到了初三時,同班的一位男同學向她寫過紙條,碰巧被窗外經過的班主任老師逮了個正着。班主任沒有聲張,只是悄悄地把這件事情告訴了她的父母,班主任跟她的父母是小學同學。在那個幾千人的鄉政府駐地,人們好像都相互認識,不是親戚,就是同學朋友⋯⋯

　　父母知道了,非常慌張,尤其是媽媽,緊張得不行。那天女兒放學一腳剛邁進家門,父母就開始 "三堂會審"。她不停地向父母解釋她是無辜的,她也沒有辦法不讓男生給她遞紙條,結果越描越黑⋯⋯母親不信,一直追問:為什麼那個男生不給其他女生遞紙條。父母給她講了一堆大道理:什麼學業為重,女孩子要自重,還說了男孩甚至男人的許多壞話，好像男人都是用下半身思考的動物⋯⋯

　　自此之後，父母開始了長期盯防，時時處處緊盯着她，要求她按時回家，回家晚了一會兒父母都要問長問短。要是不幸被父母發現她跟哪個男生說話，哪怕是一句話，母親也會問上半天，或者直截了當，或者拐彎抹角。電話更是被媽媽控制得死死的，媽媽一聽到電話是找她的，如果是男同學，必定躲在門後監聽。對媽媽，她防不勝防，她的日記幾乎都逃不過媽媽的眼睛。

　　為了打消媽媽的疑慮，她做得很絕，一個男生也不交往，連話都很少說。

　　如父母所願，她考上了北京的一所大學。在離開家鄉的時候，父母又開始了說教的工作，大意是現在的工作不好找，只讀本科是不行了，一定要讀研究生，最好讀到博士後。他們話裏有話，她聽得很明白，希望她安心學習，不要戀愛，因為父母說了：大學生戀愛沒有什麼好結果，沒有幾個成功的，白搭上感情、時間還有父母的血汗錢。

　　大學本科四年轉瞬即逝，她專心學業，有幾次戀愛的機會，最終都被她狠心地放棄了。她成功地考上了北京一所名牌大學的研究生。她學的是工科，工科碩士生學業很忙，幾次短暫戀愛無疾而終以後，她畢業了。

　　畢業後，她進了一家 IT 公司，雖然不是軟件研發，但也挺辛苦的。她已經二十八歲了，心裏有點着急：自己的另一半在哪裏了？她的父母比她更急，眼看着女兒快奔三十了，他們像熱鍋上的螞蟻⋯⋯他們打聽遍了所有能打聽到的在北京工作的親戚朋友⋯⋯每年春節回家，他們都會問：怎麼樣了？有男朋友了嗎？他們等着抱外孫呢！他們恨不得能變魔術似的變出一個女婿來。看到網絡上有租男友回家的事情，她說也曾有過這種想法。

她有些着急，好像又不太着急，總是說隨緣吧，但緣在哪裏，誰也不知道。她有時會去公園參加相親活動，但一到那裏，她說感覺自己到了一個交易市場，像她這樣的女性，是“賣”不出什麼好價錢的。試着交往過幾個男青年，沒幾次就沒有下文，他們沒能入她的法眼。她曾經很動心地想追求一個看得上眼的男士，最後她傷心地得知，人家已經名花有主，成了孩他爸了。

她的生活好像很自由，她自嘲：一個人吃飽了，一家人不餓，每年的 11 月 11 號“光棍節”，她也會像模像樣的慶祝一番。閒暇時，她喜歡與同齡女性一起逛逛街，小資一把，有時在酒吧裏面“放肆”一下，同病相憐的“剩女”們一起嬉笑怒罵那些沒有眼光的男人們……

她曾經有點自我安慰地說，她這樣的單身女性並不少見，有些女博士“白天愁論文，晚上愁嫁人”。但是她心裏的苦悶我們能看得出，在生病的時候，她是那麼的軟弱無助……其實，她心裏非常希望能有一個“他”，她的“真命天子”。

不知不覺，她已經 32 歲了……

“剩女”可是一個蔚為壯觀的龐大群體，據中國新聞社報道，北京就有超過 50 萬名年輕女性屬於“剩女”。2004 年，天津社科院的一項調查顯示，天津市近 50 萬未婚成年人中，女性佔了六成以上。2009 中國人婚戀狀況調查報告顯示：41.2% 的單身女性“怕自己嫁不出去”，而只有 8.1% 的男性“擔心自己娶不着老婆”。當今中國，男性比例遠遠高於女性，整個社會有幾千萬男光棍。在這種情況下，仍有這麼高比例“三高”單身女性擔心自己嫁不出去，這有些“畸形”，實在是一件讓人費解的事情。

　　女人是天生的交際專家。從心理學角度來看，女孩從小對人際關係就比男孩更加敏感，女孩的情感發展得更好也更迅速。但是，這些天生的交際專家、情感專家，如今為什麼有這麼多在走進婚姻的路上遇到障礙呢？

　　對於這個問題，一百個人有一百個不同的答案。社會學家們從社會學角度給出了答案：中國人的擇偶習慣——梯度擇偶，通俗的講，就是"娶妻一定要不如吾家，嫁女一定要勝似吾家"傳統習俗。社會學家李銀河對此的解釋是：在婚姻市場上，男人往下找，女人往上找，甲男找乙女，乙男找丙女，丙男找丁女，於是剩下來的就是甲女和丁男，俗稱"甲女丁男"現象。這些因素客觀存在，女性的選擇也無可厚非。畢竟，當今女性的生活模式已經變得如此多元。在二十幾歲結婚並成為一個母親的傳統女性行為逐漸減少，越來越多的女性有了不同的選擇。她們可以先選擇事業再結婚生育孩子，也可以先結婚生育孩子再選擇事業，能夠擁有選擇的自由是女性解放的重大進步。值得關注的是，女性在她所選擇的生活模式中，是否體驗到了幸福，她們的生活是發生了積極的變化還是消極的變化，她們的滿意度是升高了還是降低了。今天"剩女"問題之所以引人關注，是因為大多數剩女對她們目前的單身狀態並不滿意，她們急於終結這種生活狀態，卻不知何去何從。

　　從個體終身發展的角度來講，與他人建立和保持親密的情感關係，是成年初期重要的發展任務。對於大多數處於二三十歲的女性來說，與他人建立親密關係是當務之急。這一時期的幸福在很多成分上源於她們的親密關係。為什麼有些女性在親密關係的建立上顯得如此困難，她們在情感發展上是否遇到了某種阻礙？又該如何突破這些阻礙，從而使女性在追求事業和個人發展的同時，也能擁有幸福的情感關係和家庭生活？

青春期異性交往遭到嚴重限制

中國青少年研究中心對城市獨生子女人格調查中發現：64.9%的中小學生父母"不願意孩子有較親密的異性朋友"；81.6%的父母"要求孩子選擇學習好的同學做朋友"；45.3%的父母"為了學習，我要求孩子減少與朋友的交往"；49.3%的父母"怕孩子學壞，所以我嚴格限制孩子交朋友"等等。

正是由於異性交往的缺乏，使許多女孩缺乏對真實男性的了解，她們對男性的期待往往不切實際的。下面就是網絡上留傳的一些剩女們的所謂標準：

➤ 一個男人要浪漫、幽默、性感，有魅力，同時又要對我之外的其他女人完全絕緣。

➤ 一個男人要事業有成佔據高位，同時又不能太忙，要常常在家陪我看電視。

➤ 一個男人要聽話、戀家、會做家務，同時又要有遠見卓識、有魄力、能被依賴。

她們只有一些關於"完美男人"的條條框框，對身邊的男性卻完全缺乏真正的了解，不知道他們的個性脾氣，不了解他們的興趣愛好，更不知該如何與他們交往相處。2009 中國人婚戀狀況調查報告顯示,在單身女性中,有 17.6% 的人沒談過戀愛,31.1% 只談過一次戀愛,23.2% "不知道如何與異性相處"。

青春期是一個人發展親密關係的尤為重要的時期,因為許多在成年期構建親密關係所需的能力和才能,都是在青春期首次出現的。像我們的那位朋友,完全沒有機會發展與異性交往的能力,在父母的嚴密監管和不當教育下,她所能採取的惟一行動就是逃避,逃避一切與異性的接觸。她所遭遇的狀況在今天的家庭教育中也相當普遍,很多父母對女兒與異性交往心存恐懼。

在青春期到來之前,孩子們的交往具有明顯的性別傾向性,女孩通常只與女孩交朋友,男孩也通常只與男孩交朋友,男孩與女孩有着不同的興趣,參與不同的活動。但是,隨着青春期的到來,男孩和女孩對彼此的興趣逐漸萌發,彼此之間的吸引力與日俱增。這是再自然不過的現象,但是,父母和老師卻往往視之為 "洪水猛獸",想盡各種辦法來壓制異性之間的交往,甚至對女兒日記裏流露的想法都橫加干涉 [1]:

有一位姓王的女生,她偷偷喜歡上了一個同班的男生,在日記裏寫滿了充滿幻想的話語,諸如 "我很想你,很愛你,我真想擁抱你,我想牽牽你的手" 等。日記無意中被她的母親發現了,當時父母感到如臨大敵,於是父母找到老師尋找對策,他們都以為自己的女兒早戀了,就耐心地給女兒做工作,要求她斷絕與那個男孩來往,還請班主任監督,女孩怎麼解釋也消除不了父母和老師對她的不信任。這件事本來是女孩內

---

① 周華珍,初中生異性交往困惑及原因分析,青少年研究,2004 年第 1 期。

心的幻想和秘密，卻被父母、老師看成是既成事實，這樣就嚴重地傷害了這位女學生的自尊心和自信心，傷害了她的感情……她自己也覺得自己做了不可饒恕的錯事。從此，這個女生變得沉默寡言，與父母和老師產生嚴重的對立和逆反情緒。

家中有女初長成，許多父母就會擔心得不得了，尤其是母親會對女兒嚴加看管，翻看日記，偷聽電話、私拆信件、限制外出，這些都是常見的監視措施。一旦男生打電話，父母總會藉故問東問西。如果有男生上門拜訪，那是更不得了的事情。

父母限制女兒與異性交往，一個重要原因是為了防止女兒陷入早戀，因此，他們往往會對早戀的現象過度抵觸，對早戀的女孩表現出不屑的態度。女孩如果有戀愛的想法或表現出性方面的吸引力，會被認為是很可恥的事情，這種觀念會給女孩的異性交往帶來焦慮和緊張，反倒更難以發展普通朋友式的異性交往。

中國父母限制女兒與異性交往的另外一重要原因則是擔心影響女兒學業。一項調查顯示，23.3% 的父母認為異性交往對學習"有影響"，39.5% 的父母認為異性交往對學習"有一些影響"。這背後隱藏的觀念是，學業第一，同伴交往特別是異性交往是不重要的事情，也就是說情感遠不如學業重要。這種觀念對許多女孩的影響是深遠的，即便長大成人之後，她們也會認為事業遠比情感重要，情感不值得投入太多的時間和精力，交男朋友就是浪費時間。

知識鏈接：對異性交往的八大偏見和誤解

北京大學心理系的彭泗清博士認為，當代父母和教師對中學生的異性交往存在八大偏見和誤解[1]：

一、學生的主要任務是讀書，與異性交往是長大以後的事；

二、中學生還不成熟，不懂事，不具備與異性交往的條件；

三、與異性交往會分散精力；

四、與異性交往很容易發展為"早戀"，中學生容易犯錯誤；

五、中學生談戀愛成功率很低，中學生與異性交往沒有什麼好處；

六、與異性交往是少數學生的行為，"好學生"不應該仿效；

七、如何處理異性關係不需要別人指導，到時自然就會；

八、如何處理異性關係不屬於教育範圍，教師對此沒有責任。

對於今天的年輕人來說，青春期異性之間非戀愛的朋友關係是很輕鬆平常的事情。心理學家認為，青少年異性交往的積極影響可以歸納為八個方面[2]：一、帶來穩定感；二、度過快樂的時光；三、獲得與別人友好相處的經驗；四、發展寬容大度和人際理解力；五、獲得掌握社會技能的機會；六、獲得批評他人和受到他人批評的機會；七、提供了解異性的經驗；八、培養誠實的道德觀。日本大阪教育大學的一項調查還特意調查了女初中生對異性交往的積極看法，結果顯示[3]：一、增加對異性的了解；

---

① 彭泗清，對"青春期"異性交往的八種誤解，中國青年研究，2010 年第 1 期。

② 徐岫茹，跨進神秘的青春期大門：為青春期的異性交往開"綠燈"，中國健康月刊，1997 年第 7 期。

③ 吳磊，青少年異性交往心理問題及教育對策研究，西南師範大學碩士論文，2003 年。

二、感到快樂；三、可以談論和女孩無法交談的事情，可以聽到和女孩不同的意見；四、學習上得到幫助；五、可以更加了解自己；六、會對什麼事情都感到美好。

　　過早地（十五六歲之前）開始認真地戀愛的確對女孩會有一些不利之處，比如限制了她與其他同齡人的交往以及參加集體活動，但心理學的研究發現，那些從未約會過的青春期少女會表現出一些社會性發展遲滯和過度依賴父母的徵兆，而且會體驗到不安全感。因此，對於父母來說，恰當地引導而非簡單的限制變得非常重要。

父親是女兒了解異性的重要途徑

俗話說，父親是女兒隔世的情人。

父親對女孩的成長，尤其對女孩性別角色的形成與塑造也非常重要。心理學理論認為，父親為女孩提供了一種男性的榜樣和行為模式，女孩往往從父親身上的男性品質上尋找未來生活的參照，青春期的女孩甚至會把父親看作為未來丈夫的模式。研究愛情的心理學家認為，女孩在尋找戀愛對象時，她們會有意識無意識地尋找那些與父親相像的異性。美國父親角色研究的專家羅斯·派克認為：由於父親往往以更加鮮明的、更加差異化的方式與女兒互動，父親在孩子的性別角色發展中比母親起着更為關鍵的作用。父教缺失可能對女孩的性別角色形成造成混亂。

父教有助於提高女孩的交往能力。心理學家們發現，五個月大的嬰兒如果與父親有較多的接觸，當他被陌生人圍繞時會有較好的適應性，他們更不怕生，對陌生人會有更多的言語回應，也更願意讓陌生人抱。另外一項跟蹤研究指出，那些五歲時有父親陪伴、且受到父親照料的小孩，比五歲時就缺乏父愛的孩子，長大後更具同情心，有更好的人際關係。

對女孩來說，父親是她認識的第一個男性，是她了解異性、發展異性交往技能的重要途徑。心理學理論指出：父親在幫助女孩學習與男性打交道方面較為重要，並獲得研究證實。學者赫塞林頓比較了兩組女孩，一組是與父母生活在一起的女孩，另外一組是只與母親生活在一起的女孩，結果發現，在與男性打交道方面，那些只與母親生活在一起的女孩，面對男性時表現出更高的焦慮。心理學家羅斯‧派克認為：父親對女兒的影響並不在童年時期就宣告結束，甚至到了青少年時期和成年時期，女兒與男性的關係也較多地受到她與父親早期關係的影響。對人對事抱冷漠的、不參與的或敵對態度的父親，應對女兒形成異性關係時產生的問題負有責任。

但不幸的是，在今天的中國家庭中，父教缺失的現象非常嚴重。很多父親忙於工作和事業，早出晚歸，較少參與到孩子的成長與教育中。2009年，新浪網的調查顯示，在 1988 名被調查者中，60.7% 認為 "現在的孩子缺失父教"，26.3% 認為 "覺得不好說"，僅 13.0% 認為 "父教並不缺失"。在對 "在你的成長過程中，誰承擔了更多教育責任？" 的回答中，46.9% 選擇了母親，28.7% 表示 "父母均擔"，11.4% 選擇其他，僅有 13.0% 表示是父親。身為這些父親的女兒，她們被剝奪了了解異性的重要渠道，她們對異性的想像與期待、與異性相處的方式不可能不受到影響。

知識鏈接：父親的獨特之處

一隻鳥兩隻翅膀，一個人兩條腿，母愛和父愛缺一不可、無法替代。
美國《父母》雜誌總結父親的九條獨特之處：

一、父親跟母親是不同的；

二、父親更愛與孩子玩鬧；

三、父親對孩子的推動作用更大；

四、父親使用的語言更複雜；

五、父親對孩子的約束更多；

六、父親使孩子更社會化，為他走進現實世界做準備；

七、介紹男人在現實生活中的作用和行為；

八、父親支持妻子；

九、父親更會幫助孩子發揮潛能。

培養女孩好榜樣：
一位法國父親和一位德國媽媽

性是美好的，我覺得國外一些父母對此的做法值得我們借鑒。我的文學啟蒙老師、著名兒童文學家劉厚明先生在世時跟我講過一個故事，我很難忘。

劉厚明先生在文化部工作的時候，帶一個中國少年藝術團到法國去演出，表演中國的少年武術。其中一個 14 歲的男孩子武術表演得特別棒，結果在法國演出的時候，就被一個 12 歲的法國女孩喜歡上了。

怎麼喜歡上了呢？他們在法國到很多地方去演出，發現這個女孩一家老跟着去看演出，看了一場又一場，你到哪兒她到哪兒，慢慢大家就熟悉了。

這個女孩叫露易絲，她開始給這個中國男孩寫信。她畫了幅畫：兩顆紅心貼在一起。這個男孩就看不明白，這什麼意思啊？然後就來問團長：「團長，你看法國這個小姑娘送我一幅畫，什麼意思啊？」劉厚明是作家，一看就明白了，但是他說：「沒關係，這個心和心貼在一起是友誼，中法友誼。你看她還送給我畫呢，我的畫上是中國國旗和法國國旗，這不是友誼嗎？”男孩明白了，這是友誼啊。

這個女孩怕男孩不明白，又給他畫畫，畫了一堵牆，那邊是個男孩，這邊是個女孩，女孩在牆這邊哭泣，畫上還寫着“我愛你”。

這不能不明白了吧，男孩又來問團長，團長一看，這個問題有點嚴重了，就來找這個法國女孩的父親：某某先生，您看您的女兒愛上我們這個小夥子了，怎麼辦呢？那個父親當時哈哈大笑，說：“當然知道了，我不知道我還跟着她到處看你們演出啊！”劉團長說：“您這個父親知道了怎麼不做工作哪？您老這麼下去可怎麼辦呢？”這個父親哈哈大笑說：“哎呀，孩子是個做夢的年齡，我們就讓她把這個美好的夢做完嘛！”

中國人的思維就是很現實：那怎麼辦啊？一個中國人一個法國人，小孩怎麼辦啊？這個法國爸爸說：“我相信她做了這麼多夢，等夢醒來的時候，該怎麼辦就怎麼辦，不用擔心。我們希望他們能在一起照個相，全團一塊兒照個相。我希望我的女兒能在你們這個小夥子的前邊很親密地照張相。”後來就照了相，還保持通信關係。你看他是把它看作一個美好的夢想。

我再講一個德國的故事。

德國人比較現實、比較實際。中國一個五年級的女孩到德國跟着媽媽生活。到這個小學不久，就有一個德國小男孩宣佈他愛上了這個中國小女孩。他特喜歡這個中國小女孩，中國小女孩不太喜歡他。

結果有一天，中國小女孩病了沒來上課，這個德國小男孩上課就上不下去了，上着上着課就哭了。老師說："你怎麼了？""那個中國小姑娘沒來上課，我很難過，我不能上課了。" 老師說："你很難過，那你先回家吧，回家休息休息。" 男孩就哭着回家了。他媽媽就問："你怎麼回來了？" 他說："我很難過，中國那個女同學沒來上課，很難過，我很喜歡她，我將來要和她結婚。"

你看這個德國的媽媽就很會教育孩子，她說："是嗎，你喜歡一個中國的女孩，很好啊！可是你要結婚，你有條件嗎？結婚得買房子啊，你得有自己的房子啊，你得有車，德國人結婚得有房子有車啊，你有嗎？""沒有。""所以啊，你得好好學習。你現在好好學習，將來找個好工作，掙了錢你有條件了，你就可以向她求婚了。" 男孩一聽，對呀，又回去上課了。

你看，一個法國的父親和一個德國的母親面對孩子的性問題，他們都用了一種美好的方式來引導孩子。所以我有一個基本的觀點是：教育孩子的前提是了解他，了解孩子的前提是尊重孩子。

促進女孩親密關係發展的 5 個建議

建議 1：及時為女兒提供她所需要的照料和情感支持

越來越多的證據表明：個體成年後的戀愛關係可能受到嬰兒期依戀類型的影響。依戀是嬰兒和特定的照顧者之間發展起來的積極的情感聯結。大部分嬰兒的依戀類型可以劃分為以下三種：

安全型依戀 —— 嬰兒和照顧者之間是健康、積極、信任的依戀關係；

迴避型依戀 —— 嬰兒與照顧者之間的關係比較冷淡，並避免與照顧者進行交互；

矛盾型依戀 —— 嬰兒在和照顧者分離時表現出巨大的痛苦，但當照顧者回來後，又對其非常生氣。

心理學家的研究發現，依戀類型在成年以後會繼續發展，並且影響個體的戀愛關係。觀察我們身邊的人就會發現，有些人很易於與他人接近，容易信賴對方，也獲得對方的信任，很少擔心被愛的人離棄，或跟他人過於接近而感到不舒服；有的人在跟他人接近時會覺得不自在，很難完全信任別人，當別人過於親近時會覺得緊張；還有些人覺得別人都不願意跟自己接近，常常擔心別人不是真的愛自己或想和自己在一起，有時他們又想完完全全融入另一個人，但這往往會把人嚇跑。

總的來說，安全型依戀的人更加容易跟別人建立親密關係，並從中獲得快樂；迴避型依戀的人往往在親密關係中投入較少，容易與戀人分手，常常會覺得孤單寂寞；而矛盾型依戀的人通常在親密關係中投入過多，會反覆和同一個戀人分分合合，而且往往自尊水平較低。

嬰兒與父母依戀關係的質量在很大程度上取決於她們所受到的照顧。心理學研究發現，能和自己的嬰兒形成安全依戀的母親，其撫養方式具有以下特點：

表 3 安全依戀的特徵

特徵	描述
敏感	對嬰兒的信號能迅速做出正確反應
積極態度	對嬰兒表現出積極的關心和愛
同步性	與嬰兒建立默契、雙向的交往
共同性	在交往中嬰兒和母親注意同一件事
支持	對嬰兒的活動給予密切的注意和情感支持
刺激	常常引導嬰兒的行為

如果母親對嬰兒有積極的態度，敏感地回應她的需要，與她建立了互動的同步性，為她提供許多愉快的刺激和情感支持，嬰兒就很可能會形成安全型依戀。反之，如果母親對自己的嬰兒缺乏耐心，對她發出的信號反應不積極，並常對她表現出消極感受，或者依照自己的情緒時而對嬰兒無微不至，時而又極為冷漠，那麼就有可能使嬰兒表現出迴避型的依戀。

為了女兒將來獲得健康的情感和家庭生活，在她很小的時候，父母就要特別關注她的需要，給她及時的照顧，幫助她形成安全的依戀關係。

建議2：讓異性交往成為一種美好經歷

讓女孩的異性交往成為一種美好經歷，父母有引導的責任。兒童青少年時期的異性交往經驗往往會影響到成年後的異性交往。北京大學精神衛生研究所閆俊博士曾提到這樣一個案例：

有一個女孩在年齡很小的時候，並不懂得男女之間交往的事情，男孩塞給她一些好吃的，她不太願忌就吃了。其實，這是很正常的交往行為。但是女孩的媽媽就說：男孩子給的東西是不乾淨的，男人給的食品你隨便吃，這是很嚴重的錯誤，你的品格有問題。女孩在接受到這種評價後就認為：原來我接受男生的這些東西，就代表我是不好的，我就不貞潔了。

這個媽媽會有這樣的觀點，與其自身的經歷可能有關。不過這種觀點通過這種方式傳遞給女兒後，使女兒就失去了跟異性進一步接觸的機會和意願。兒童對事件的解釋是與大人的態度高度相關的，女兒由此形成了對異性交往的偏差，所以她長大後始終不敢跟男孩子接觸，這個陰影一直在影響着她。

閆俊博士認為，如果父母對孩子的異性交往給予負面評價，就有可能使孩子對異性交往形成消極的記憶，這種消極記憶會影響到孩子以後跟異性交往的情況。女孩的父母在教育女孩自我保護的同時，應該想方設法為女孩創造異性交往的機會：

➤ 在自己居家附近的社區裏,讓女孩跟男孩一起玩一些都感興趣的遊戲。

➤ 鄰居就是一個很好的資源,現在獨生子女很多,鄰居的孩子可能也需要一個伴,孩子可以輪流"拼養"。

➤ 在朋友或親戚聚會時,把各家的孩子都帶上,孩子們最好和大人分開,大人一個群體,男孩女孩一個群體,讓他們自主選擇喜歡的活動。

這樣會使女孩對異性有直觀的經驗性的了解,這對她以後的戀愛和婚姻都是大有裨益的。

需要特別注意的是,對於青春期女孩,千萬不要給正常的異性交往扣上"早戀"的帽子,給正常的異性交往蒙上陰影。

建議 3:培養與異性交往的能力

世界是由男性和女性組成的,異性交往是我們人際交往的一個非常重要的方面,異性交往能力也是一種非常重要的社交能力,它是需要培養的。

青春期是異性交往的關鍵時期。曾任《中國青年報》"青春熱線"督導的龍迪博士長期接觸青春期少男少女,她給出了兩點很好的建議——群體交往和淺交:

一是群體交往。最好多參加有男女生同時參加的群體活動。由於同時與幾個異性交往,他們可能不像面對某個異性那麼緊張、羞怯,更容易自然地表達自己,這樣有助於培養自己以平常心與異性相處。另外,在群體活動中,一個孩子會更有機會了解不同的異性,因為一個人在群體中的表現比他（她）在某個異性面前的表現更為真實。如果經常只和一位異性在一起，實際上失去了解其他異性的機會。

二是淺交。不要一下子與某個異性確定很深的個人關係。青春期少男少女之間的好感很容易變化。常常是隨着了解的加深，原來在他們眼中頗有好感的男孩或女孩變得不那麼可愛了。如果沒有經過深入的了解就將兩個人的關係定性為戀愛，當感情發生變化時會給雙方帶來不必要的傷害和麻煩。與多個異性保持平等、廣泛的交往有助於給兩個人的關係的發展留下一些餘地。不要刻意給兩個人的關係貼上標籤。任友情在歲月的長河中自由地流淌，看看五年、十年後彼此是否依然相互傾慕，那時再決定對方是否就是自己的唯一。在這五年、十年的時間裏，你盡可以讓自己自由地發展。

在幼兒園和小學時期，父母要根據獨生子女缺少玩伴的特點，學會“以群制獨”，創造機會讓女孩與男孩在一起活動、遊戲、玩耍，如幾個家庭一起去郊外遊玩、爬山、集體參觀博物館等等。在此過程中，父母們可以放手，讓男孩女孩自由交往，發生了衝突，鼓勵他們自行解決，讓男孩女孩自然地去體驗性別差異的存在。

建議 4：發揮父教的獨特價值

父親對女兒的影響是巨大的，但這影響是正面的還是負面的，取決於每一位父親的作為。父親既有可能指引女兒，給她一個有責任感的、堅強的男子漢榜樣，使她對男性持有健康的認識，也可能誤導女兒，使他在與男性相處時迷惘困惑，不知所措。

作為異性，父親是女兒了解異性的第一個渠道，也可能是最重要的渠道。父教在女兒的成長過程中一定要發揮其獨特價值，幫助她了解異性、欣賞異性。從嬰兒時期開始，父親就應該多花一些時間陪孩子遊戲、玩耍。父親要帶女兒去領略男性的世界，一起從事體育運動、戶外運動等等。在這些活動過程中，女孩會以一個女性的視角去認知異性，男性的特點會很自然地印刻在女孩的腦海中。父親當然可以直接告訴她一些有關男性的知識與事實，如對待同一件事情，男性會怎麼想，女性又會怎麼樣。父親這樣的做法，無疑將有助於女孩對異性的了解，學會用欣賞的眼光去看待一個不一樣的異性世界，這將有助於她將來的情感、戀愛與婚姻。

還有，父親往往比母親更尊重女兒的隱私，比如，當女兒到達青春期的時候，父親更有可能在進入女兒的臥室之前先敲門，母親則較少敲門而徑直進入女兒的臥室。

發揮父教的獨特價值，父親值得做的事情很多：

➢ 每天下班後，父親可以多陪女兒聊聊天，了解女兒的生活與學習。聊天時，父親應避免說教，多傾聽女兒的感受，多給予包容與理解。
➢ 與女兒一起去運動。散步、快走，跑步，都是很好的運動方式。父親可以與女兒一起進行各種球類運動。當然，父親與女兒可以去看各種比賽，足球、籃球、排球等等。這些活動既能增進父女之間的情感聯繫，又能增進女兒對男性運動天性的了解。
➢ 父親還可以與女兒探討一些社會問題，幫助孩子了解不同的性別視角。

建議 5：母親要學會 "放手"

手握一把沙子，我們攥得越緊，沙子流失的越快，心裏越怕失去它，就越容易失去它。養育女孩，也是這個道理，母親控制的越緊，就越容易失去對女兒的影響力。

女孩需要來自母親的足夠的關愛，但這種關愛不要過度，不要發展成為母女之間的過度依戀而糾纏不清，因為女孩有可能因為過度依戀母親而不願去探索新的親密關係，她可能習慣於母親營造的家庭 "安樂窩"，從而失去了情感獨立的動力。因此，母親在養育女兒過程中要給予女孩足夠的時間與發展空間，讓她有機會、有意願去發展各種人際關係。

母親要鼓勵女孩與異性的交往，最好能創造機會，有幾個小男孩和小女孩一起遊戲、玩耍，讓女孩從小就很自然地接近異性、了解異性，認識一個不一樣的男性世界。

"放手" 的母親還要敢於把女孩交給丈夫，讓丈夫以男性特有的方式去教育女孩。

發現女孩之七：
女孩的優勢

女孩的優勢主要集中在言語能力和情緒情感兩方面。

一、言語能力

著名的人類學家瑪格麗特·米德（Margaret Mead）的跨文化研究指出：幾乎在所有文化背景下，女孩的語言能力都比男孩要強。研究者已經基本達成共識：女孩的言語能力總體優於男孩。女孩獲得語言、發展言語技能的年齡較男孩早。在整個學校教育階段，女孩在閱讀和寫作測驗中獲得更高的成績，這種差異具有跨文化的一致性。2003 年，國際學生評價項目對以經濟合作與發展組織成員為主的 42 個國家的學生成績進行了測查。結果顯示：在所有參與測查的國家中，女生的 "閱讀" 成績均大幅度領先於男生。2003 年，國際閱讀素養進展研究對 35 個國家四年級學生進行的 "閱讀" 測試成績顯示（龐超，2007）[1]：女生成績全面超過男生。

---

① 龐超，英國中小學男生學業成績相對落後問題透析，外國中小學教育，2007 年第 10 期。

為什麼會存在這種差異？其中一個可能的原因是女孩生理成熟的更快更早，這種生理成熟促進了大腦左半球皮層的更早發育，最終導致了女孩早期的言語優勢。對動物和人類大腦的解剖證實，女性的大腦左半球皮層比男性的稍大一些而且更成熟。另外一個原因是環境因素起作用，如父母和老師往往認為女孩在語言課程上有優勢。

二、情感表達與敏感性

女孩比男孩更善於表達情感。兩歲女孩即比兩歲男孩更多地使用與情緒有關的詞語[1]。學前兒童中，女孩使用"愛"這個詞的頻率是男孩的六倍，使用"傷心"的頻率是男孩的兩倍，使用"瘋狂"的頻率與男孩相同。與兒子相比，父母與女兒更多地談論情緒以及與情緒有關的事件[2]。

研究人員還曾設計了一個有趣的實驗[3]，他們給一組由幼兒園兒童和二年級小學生組成的被試小組播放一段錄有嬰兒哭聲的錄音片段，並監測他們的生理和行為反應。研究人員想藉此了解這些兒童會如何反應，他們是試圖關掉錄音機以擺脫這種惱人的聲音，還是根據成人示範，通過錄音機與嬰兒講話來安撫這個嬰兒。研究結果表明，女孩對嬰兒哭聲的反應更積極，更少表現出煩惱，她們會盡力安撫哭泣的嬰兒，而較少關掉錄音機。男孩表現則大不相同，更多男孩的心電圖顯示他們對嬰兒哭聲感覺十分壓抑，他們的反應是很快上前關掉錄音機來擺脫哭聲。

---

① David R.Shaffer 著，鄒泓等澤，發展心理學，中國輕工業出版社，2005 年。
② 丹・金德倫，照亮男孩的內心世界，上海教育出版社，2007 年。
③ 同上。

另外一個實驗是這樣的：當六個月大的嬰兒坐在座位上與母親玩耍時，研究人員在實驗室錄了像。首先，嬰兒的母親給他們呈現玩具並對他們說話；然後，母親停止與他們玩耍並假裝板起面孔以使嬰兒煩躁不安。實驗結束以後，母親們會盡可能來安慰他們的孩子，如撫摸他們，注視他們，母親們對兒子所使用的策略與對女兒們所使用的策略幾乎相同。研究人員通過分析研究錄像發現：當母親停止與嬰兒玩耍並假裝板起面孔時，與女孩相比，男孩哭泣和煩躁的次數更多，表現得更為憤怒。當實驗結束以後，男孩需要母親花費更長的時間才能安靜下來。研究人員據此認為：在保持良好的親子互動方面，女孩會讓父母少操不少心血。

女孩的情感敏感性可以從多個方面予以解釋。一是進化層面，因為女性承擔撫育者的角色，長期的進化可能使女性在基因上發生了改變，以保證她們能為養育後代做好準備。二是父母的教養，從嬰幼兒期開始，母親就可能對女孩的情緒情感表現給予更多的回應。

8

女生也可能
很暴力

2016 年 5 月 9 日，國務院教育督導委員會辦公室發佈《關於開展校園欺凌專項治理的通知》。校園欺凌事件頻發，已經引起國家層面的注意。2010 年，在寫作《男孩危機?!》時，我們注意到這樣一個事實：男孩更容易出現各種暴力行為與違法犯罪。我們一般人也往往會想當然地認為：暴力應該離女孩很遠。在我們許多人的印象中，女性往往以暴力受害者形象出現。

　　今天，一個顛覆性的現象出現了：野蠻女生正在越來越多，女生打架鬥毆、群毆事件不時被媒體曝光。在接受記者採訪時，長期從事青少年群體研究的廣州市青年宮副主任陳冀京說："別說女生群毆，如今女生把男生暴打一頓的事也越來越多了！"

　　針對女生暴力，有人感歎：見過野蠻的，沒見過這麼野蠻的。

　　莎士比亞那句名言 "女人，你的名字是弱者" 或許應該被改寫了。

洛杉磯中國留學生酷刑綁架案

我們先來看一個最近轟動中美的"洛杉磯中國留學生酷刑綁架案"[1]，其細節令人髮指，很難讓人想像這樣慘酷手段竟出自一些原本清純美好的少女們：

2015 年 3 月 30 日晚，受害者劉怡然的小學同學陸婉清發微信約她到羅蘭崗 Honeymee 冷飲店商量事情。因陸過去打過她，兩人關係已變得生疏。為防意外，她約好友盧勝華陪她開車前往。不一會又來了幾名中國小留學生，其中包括翟芸瑤和張鑫磊，翟又打電話叫被告楊玉菡過來，他們在餐廳待了一個半小時。在此期間，劉怡然被對方一夥人要求跪下長達 20 分鐘，還讓她用褲子擦地。

在法庭上，受害者劉怡然是這樣聲淚俱下地控訴了三名被告對她的殘暴罪行：扒光衣服、用煙頭燙傷乳頭，用打火機點燃頭髮、強迫她趴在地上吃沙子、剃掉她的頭髮逼她吃掉等。作案手段之兇殘，令人髮指。

---

① http://m.gmw.cn/2015-06/11/content_15949673.htm.

劉怡然在證詞中表示：瞿芸瑤一年前曾因一些過結打過她，案發前兩週又有人打了她，瞿芸瑤也在場。所以，當 3 月 30 日晚小學同學陸婉清約她出來"商量事"的時候，劉怡然已有預感又要被瞿芸瑤一夥人"教訓"一頓了。然而，儘管她帶上男性朋友盧勝華試圖為他保駕護航，但還是被瞿芸瑤支開了，說她們女孩之間有些事要商量。

盧勝華走後，瞿芸瑤拿走瞿芸瑤的車鑰匙交給同夥"萱萱"，讓她開車載着劉怡然和她的同夥一起前往羅蘭崗公園。一下車十幾名女孩便對劉怡然拳打腳踢，名叫 Victoria 和 Olivia 的兩名中國留學生抓住劉的雙臂，被告楊玉菡扒光劉的衣褲，之後用煙頭燙傷劉怡然的乳頭；另一名女孩畢嘉澤還想用打火機點燃劉怡然的頭髮，但因劉怡然的身上被潑了冷水，才沒有被點燃。

瞿芸瑤讓張鑫磊回家取剪子，回來後交給一群女孩把劉怡然的頭髮剪掉，還命令她把頭髮撿起來吃掉；有的女孩還抓住她的頭髮把她按在地上吃沙子，憋得她喘不過氣來，頭暈目眩；還有的女孩用手機拍下了劉怡然的狼狽相，其中包括她吃頭髮和赤身裸體的照片。整個折磨過程長達五小時，劉怡然被打得遍體鱗傷，臉部淤青腫脹，雙腳站不穩。

瞿芸瑤、張鑫磊、楊玉菡等一群中國留學生毆打、綁架劉怡然後擔心受害人報警，還想出了嫁禍於人的招數，脅迫劉怡然向警察謊稱是男性朋友盧勝華毆打了她，聲稱如果劉配合說謊，她們一幫女孩都會為她作證，否則她不僅沒有證人，還會受到更加殘暴的皮肉之苦。

2016 年 1 月 5 日，涉嫌綁架、毆打和折磨同學的三名中國留學生瞿芸瑤、楊玉菡和張鑫磊，與檢方達成認罪減刑協議，三人分別獲刑13 年、10 年和 6 年。

女生暴力，絕非個案

　　女生暴力事件還有不少，僅 2009 年，新聞媒體就報道了多起類似的事件：

➢　2009 年 2 月，新疆某職業學校女生小青（化名）在學校宿舍被四名和她年齡相仿的女生毆打了四個多小時，前前後後至少被搧了 40 個耳光，最終導致左耳鼓膜穿孔。

➢　2009 年 5 月，雲南某縣主管教育的副縣長之女 —— 該縣一中 15 歲的初二女生小思，她帶領七名同校女生將該校初三女生小豔拖進廁所，用巴掌打臉，用高跟鞋砸頭、砸腰，用腳踹頭，用髒衛生巾塞嘴，並用手機拍下照片和視頻。

➢　2009 年 9 月，陝西西安某旅遊職業中專女生小美被同校的七八名女同學按在宿舍的地上毆打，隨後她被強行扒光衣服，並用手機拍下裸照。

➢　2009 年 11 月，山東濰坊四名中職女生用拖把、掃帚、熱水袋等圍毆一名女生，並扒光其衣服，供圍觀學生拍照。

➢　2009 年 12 月，南京某中專學校 15 歲的小芳被同學電話叫進一女生宿舍裏，遭兩名同班同學毆打、折磨三個多小時。施暴者不僅抽了三十多個耳光，踢了三十多腳，還罰她下跪、彎腰 90 度，逐一向施暴者及圍觀者道歉。

被媒體曝光的僅僅是"冰山一角"。實際上，大多數的女生暴力都被隱藏了起來，女生暴力實際上很嚴重：

➤ 北京大學公共衛生學院青少年衛生研究所陳晶琦教授領導的課題組 2005 年對廣東、浙江、湖北、陝西、黑龍江、北京等 6 個省市的 4327 名大中專學生進行的調查顯示，46% 的女生經歷過身體暴力，55.4% 的女生經歷過精神暴力，28.5% 的女生經歷過性虐待 [1]。

➤ 司法部預防犯罪研究所組織的 "校園暴力研究" 調查顯示 [2]：6.2% 的女生表示發生過被人打的事件，8.2% 的女生發生過被人歧視或孤立排斥事件，7.9% 的女生贊成為了解決問題而採用暴力手段，17.1% 的女生認為同學間的推搡、打架不屬於校園暴力行為。

➤ 對 488 名職校女生欺負行為的調查顯示 [3]：有 11.7% 的女生"一個月發生兩三次或更頻繁"地受欺負。7.8% 的女生 "一個月發生兩三次或更頻繁"地欺負他人；而 "每週一次或更頻繁" 地受欺負和欺負他人者分別為 3.4% 和 1.2%。還有 3.7% 的女生既屬於欺負者，也屬於被欺負者。在受欺負者的自我報告中，直接言語欺負的發生率為 34.8%，間接欺負的發生率為 34.2%，直接身體欺負的發生率為 10.8%。

➤ 對北京市兩所中學的調查顯示：在 206 名被調查的女生中，有 106 人受到不同形式的同伴欺負。

➤ 對初中女生欺負問題的研究顯示 [4]，普通初中學校女生中受欺負者所

---

① 孫雲曉主編，獨生子女教育啟示錄，江蘇教育出版社，2009 年。
② 張瑩，群體效應視角下的女生校園暴力分析，消費導刊，2008 年 8 月。
③ 趙莉，初中女生受欺負特點及相關因素的研究，首都師範大學碩士論文，2004 年。
④ 張文新等，中小學欺負問題中的性別差異的研究，心理科學，2000 年第 4 期。

佔比例為 8.8%，欺負者比例為 0.8%。

國外的情況也較為類似：

美國兒科學會會刊發表的一份研究報告顯示[1]：發達國家的少女們正在越來越暴力。對 35 個發達國家、十萬多 11-15 歲青少年的調查顯示：在過去 12 個月內至少和人打鬥過一次的蘇格蘭少女比例高達 29%，美國 25%，俄羅斯 21%，芬蘭 13%。

在德國，根據警方的觀察，結成團夥的女孩施暴現象越來越多。暴力犯罪的女孩數量也有驚人的增長。來自德國的統計發現[2]，1995-2000 年，21 歲以下的女性犯罪嫌疑人幾乎上升了三分之一。1995 年 21 歲以下的女性犯罪嫌疑人約為 125000 人，2000 年達到 163000 人。女孩鬥毆的嚴重性和殘酷性與施暴的男孩相比已沒有差別。

知識鏈接：女生校園暴力的特點[3]

與男生相比，女生的校園暴力行為具有以下三個鮮明的特點：即聚眾性、虐待性和持續性。

聚眾性

男生中的校園暴力往往以"單挑"、"群毆"為常態，一般具有人數上

---

① 溫蕊，校園女生暴力事件頻發有 3 大誘因，北京科技報，2006 年 3 月 15 日。
② 西爾維婭·施奈德（德）著，曾漢泉等澤，陽光女孩：給父母的女孩教育手冊，湖北教育出版社，2006 年。
③ 張瑩，群體效應視角下的女生校園暴力分析，消費導刊，2008 年 8 月。

的對等性。以大欺小，恃強凌弱，男生憑藉的是自身身體條件的優越性；女生則選擇了以多欺少、以眾欺寡的方式。對一個被害人，施暴者少則兩人，多則十幾人，以此彌補生理條件上的不足，用人數上的絕對優勢迫使受害人乖乖就範。媒體報道的案例中聚眾人數最多的一次，加害人多達 18 人。

虐待性

由男性較強的攻擊性和佔有慾決定的，男生的校園暴力行為一般說來攻擊性很強，通常給被害人造成嚴重的身體損傷。與此不同，女生的施暴行為並無明顯的暴力攻擊傾向，但其表現出來的虐待傾向則令人觸目驚心，加害人往往尋求精神刺激，享受任意擺佈弱者的樂趣，以滿足自己凌駕於他人之上的心理優越感，給被害人造成的精神上的恐懼和傷害遠遠勝過身體上的傷口。其虐待花樣之多，手段之惡劣，危害性比男生的野蠻粗暴行為有過之而無不及。

持續性

男生的暴力過程時間一般較短，通常是"一打走之"、"一搶了之"的疾風暴雨般的攻擊行為。與之截然相反，女生的虐待過程則往往持續相當長的時間，一般都在幾個小時以上。加害的眾人往往樂於享受施虐過程給她們帶來的刺激和快感，對被害人來說則是漫長而可怕的夢魘。實踐中發生的最長的一次虐待行為持續了 36 小時。

暴力女孩的養成，誰之過？

••• "以暴制暴" 的家庭教育方式

許多父母從小就向孩子灌輸以暴制暴的觀念，在學校裏不吃虧。一些女孩的父母認為女孩本身就處於弱勢，從小就教育她 "打要還手，罵要還口"，只有這樣，長大以後才能不被他人欺負。

正是由於這種教育方式，製造了許多暴力女生。司法部預防犯罪研究所組織的 "校園暴力研究" 調查顯示[1]：7.9% 的女生贊成採用暴力手段解決問題。

從小就養成的這種 "以暴制暴" 的解決問題方式，會自然地變成一種習慣，一旦感覺被人欺負時，就會習慣性的拳腳相向。

有一些女孩的父母本身就是這種 "以暴制暴" 的 "楷模"。在家裏，夫妻經常拳腳相加，當女孩做錯事情或激怒父母時，往往也會受到暴力懲罰。從小在這種環境中耳濡目染，女孩很快就會習得這種處理問題的方式。她們對暴力已經見怪不怪，已經 "脫敏" 了，遇到衝突時就會自然地

---

① 張瑩，群體效應視角下的女生校園暴力分析，消費導刊，2008 年 8 月。

模仿父母的暴力行為。心理學的大量研究數據證明:在家庭暴力發生較多的家庭中長大的孩子,實施暴力犯罪的可能性更大。

••• 不當中性化 ——"女孩男養"助長"暴力女"

不當的家庭教育是女生暴力的第一責任人。上海社科院青少年研究所所長楊雄研究員認為,"獨生子女中性化"助長女生暴力[1]:

女生暴力事件的增多,與近年來愈演愈烈的獨生子女"中性化"密切相關。因為家中只有一個女兒,很多家庭都實行把女孩當男孩來養的家庭教育,他們認為這樣調教出來的女孩,性格外向張揚,未來才具有競爭力;但與此同時,這些女孩就有可能趨於粗魯、野蠻,她們被教導要像男生那樣強勢,但並不知道這種強勢更多的是一種內心感受,她們盲目模仿男生抽煙,爆粗口,甚至打人,並引以為榮。

楊雄認為,如果"中性化"是男女兩性相互吸收借鑒對方的長處,那麼就是一件好事;但如果偏偏吸取了對方的短處,結果只能事與願違。他認為,許多女孩父母其實誤解了什麼是"中性化",認為"中性化"就是"讓女孩像男孩一樣強橫,這樣走到社會上才不會吃虧",這種家庭教育的背後其實是一種"弱肉強食、爾虞我詐"價值觀在作怪。

---

[1] 孫立梅,"女當男養"造就"暴力女","熊姐們"很暴力也很孤單,新聞晚報,2009 年 10 月 31 日。

　　廣州市青年宮副主任陳冀京也認為，女生暴力事件增多與近年來愈演愈烈的獨生子女"中性化"有關。他說："身為女孩子，卻想像男性那樣變成強勢，於是模仿男性那樣抽煙、爆粗口甚至打人。"他還從發展的角度深入分析了女生暴力事件多發生在中學階段的原因：青春期女生性別認同常常出現模糊。因為從幼兒園開始，女生常常擔任班幹部等職務，比較強勢，而進入青春期後，"她們潛意識裏拒絕承認相對弱勢的女性角色身份"。

　　我們認為，"雙性化"絕不是"中性化"。雙性化是指男女雙方互相借鑒對方的優點，而不是優點沒有學到，缺點倒學了一大堆。暴力女生就是"中性化"誤入歧途的表現。

知識鏈接：雙性化理論

很久以來，人們一直把男性化和女性化看作為單一維度的對立兩極，傳統的性別角色也把某些特點賦予一定的性別，如男性的勇敢，女性的溫柔。

後來，心理學家桑德拉·本姆提出了雙性化的概念，以"幫助人們從性別刻板印象的禁錮中解脫出來。本姆反對把男性化和女性化看作為單一維度的對立兩極，而認為男性化和女性化是相對獨立的特質，可以看作為兩個相對獨立的維度，一個人可以同時在兩個維度上得分很高，即同時具備男性特徵和女性特徵，這樣的人被本姆稱作為"雙性化"個體。本姆認為適應最好的就是雙性化的個體。與雙性化個體相對應，那些具有較多男性特徵的人屬於男性化個體，具有較多女性特徵的人屬於女性化個體，而既缺乏男性特徵又缺乏女性特徵的人屬於

"未分化"個體。

雙性化理論是一個具有開拓意義的理論。眾多研究表明，雙性化的個
體是存在的，雙性化的個體也具有一定的優勢，能更好地適應社會。

● ● ● 暴力媒介的影響

　　媒介暴力是指電影、電視、電子遊戲、報刊等媒體中所包含的暴力內
容。有人認為，現代媒介有兩個永恆的主題：一是拳頭，代表暴力；一是
枕頭，代表性與色情。

　　媒介暴力所塑造的暴力文化對兒童青少年具有極大的危害作用。以
電視為例，數以百計的實驗與調查研究表明：觀看暴力電視節目會助長暴
力行為，經常觀看電視暴力節目的兒童青少年更具敵意和攻擊性。不管是
學前兒童，還是小學兒童和初高中學生，不管是在澳大利亞、加拿大、芬
蘭、英國，還是在波蘭、愛爾蘭，看電視暴力與現實中的攻擊行為均呈正
相關[1]。

　　觀看電視暴力增強兒童的攻擊性主要是通過三條途徑進行的。一是直
接途徑：觀看電視暴力增長了兒童的攻擊傾向，這種攻擊傾向又刺激了他
們對電視暴力的興趣，這反過來又進一步刺激了他們的攻擊性行為。觀看

---

① David R.Shaffer 著，鄒泓等譯，發展心理學，中國輕工業出版社，2005 年。

電視暴力除了直接增強兒童的攻擊性之外，還通過另外兩條間接途徑助長兒童的攻擊性。一是改變了他們對真實世界的認識，長期觀看電視暴力會給他們灌輸"殘酷世界觀"，即認為世界是充滿着暴力的，暴力也是人們解決問題的一種主要途徑，而在現在的真實世界裏是沒有這麼多暴力的，暴力只是現實世界解決問題的最為愚蠢的方法之一。二是對暴力行為的"去敏感化"，長期接觸暴力電視，提高了兒童青少年對暴力行為的容忍度，對暴力行為習以為常、漠不關心。

●●● 無所不在的暴力文化

中國政法大學的皮藝軍教授是研究青少年犯罪的專家，他非常關注暴力文化對兒童青少年的毒害作用。他認為，"校園女生暴力案件的增加是和現在普遍存在於青少年中的暴力文化密不可分的。"皮藝軍教授認為[1]：

暴力文化已經成為現代文化生活中部分成年人不可缺少的文化享受，暴力文化的商品化自然成為商家的最大賣點。雖然我國有關青少年問題的法律中都一律禁止孩子接觸暴力文化，但在現實中卻基本沒有可操作的限制性規定，對此還基本上處於放任狀態。對於容易吸收外界信息、且分辨能力和自我控制能力都不夠成熟的青少年來說，很難不受到影響。這是產生青少年暴力傾向的很重要的原因之一。

---

① 溫蕊，校園女生暴力事件頻發有 3 大誘因，北京科技報，2006 年 3 月 15 日。

另外，大眾媒體對暴力限制太少，雖然我國一直都在限制色情和暴力內容的傳播，但在實際做法上往往是限制色情不限制暴力。在影視文學作品、音像製品、小報小刊、電子遊戲中，孩子可以十分方便地接觸到暴力場面。特別是我國對影視作品中的暴力沒有分類，更沒有因為其中有暴力內容而限制孩子觀看。

　　根據司法部預防犯罪研究所"校園安全"課題組對北京地區三所普通中小學的調查表明[1]：在被調查的 400 多名女生中，77.7% 的女生回答"取笑、作弄其他同學不屬於校園暴力行為"，55.1% 的女生回答"同學間發生語言爭執，如吵架、罵人不屬於校園暴力行為"，63.1% 的女生回答"用語言侮辱其他同學，如叫侮辱性的外號、說髒話不屬於校園暴力行為"。

---

① 李文婷，女生群體暴力行為之研究，中國政法大學碩士論文，2008 年。

培養女孩好榜樣：
"法官媽媽"尚秀雲

在北京有一位名叫尚秀雲的法官，她被親切地稱為 "法官媽媽"。新聞媒體報道了她的感人事蹟[1]：

尚秀雲是我國第一代從事少年刑事審判的法官，二十多年來，她堅持 "教育、感化、挽救" 的方針和 "寓教於審、懲教結合" 的原則，依法公正高效地審理了近千件未成年刑事案件，共判處未成年犯 1100 人，有 270 人判處了非監禁刑，其中有 24 人考上了包括清華大學、北京理工大學在內的大專院校，有一百多人考入了各類專業學校，有八人因確有突出的悔改表現而減刑，利用 "判後救助基金" 救助流浪、殘疾、失足少年十餘名，其他人也都自立自強，成為遵紀守法的公民，重新犯罪率僅為 0.8%。

下面就是尚秀雲工作中的一個例子：

17 歲的少女小麗（化名），因盜竊被起訴至法院。通過社會調查，尚

秀雲了解到，小麗係違規超生的孩子，父母為逃避處罰，將繈褓中的小麗送與他人撫養，直到八九歲時才將她接回家中。童年被“遺棄”的遭遇，使小麗對父母心懷怨恨，身邊雖有兩個品學兼優的姐姐，她卻我行我素，從不主動與家人交流。初二時，小麗因沉迷網絡而經常曠課，父母給她下過跪，也曾用麻繩鞭打，都無濟於事。後小麗偷拿家裏4000元人民幣，離家出走跑到北京，錢花光後，身無分文的她又不願回家，便把手伸向了大學教室裏的財物。

經分析，尚秀雲認為自幼缺乏對父母的親情依戀和對家庭的歸屬感，是小麗犯罪的主要原因，如果簡單的輕判了之，而不解開小麗的心結，她很可能會重蹈覆轍，便決定將化解小麗與父母的感情隔閡作為對她教育、挽救的感化點。

庭審前，尚秀雲多次與小麗父母深入交流，指出其教育方式的失誤，並讓他們準備了一封情真意切的致歉信，在法庭上宣讀。庭審中，尚秀雲進一步發揮公訴人、辯護人、法定代理人的作用，共同對小麗進行了法制、道德、親情和人生觀教育，使其內心的堅冰初步消融。庭審後，尚秀雲還邀請心理專家對小麗及其父母共同進行心理疏導。讓小麗父母講述了當初迫不得已將小麗送給他人的痛苦和無奈，及小麗被羈押期間父母日夜對她的牽掛，使小麗體會父母對其難以割捨的親情。尚秀雲準確地把握住了小麗的心理脈絡，一句句富有啟發性的話語猶如潤物細無聲的春雨，滋潤了小麗的心田。小麗含淚向父母傾訴了真實想法。父母驚喜地說：“以前打得再狠都沒見俺三妮兒掉過一滴淚，多虧尚法官，讓我們聽到了孩子的心裏話。”

綜合案情，合議庭決定對小麗從輕判處並適用緩刑。尚秀雲還特意選擇在她十八歲生日當天宣判，在法庭上為她舉行了一次特殊的成人禮，並送上了精心製作的法官寄語，當小麗聽到媽媽說"我們已經準備好，迎接一個嶄新的你回家"時，親情長期受到壓抑的小麗痛哭着撲進了媽媽的懷抱，小麗父親激動地說："多謝尚法官做了這麼多工作，讓俺們一家不光人團圓了，心也團圓了。"

經過兩年來不懈的跟蹤幫教，小麗已考取了一所職業學校，還加入了共青團。兩年前那段讓她難以忘懷的經歷，真正成為引導她尋找正確人生方向的航標。

這種奇跡是如何被創造出來的。奇跡的創造源於尚秀雲那母親般的情懷，失足少年在她的感化下重歸人生正路。

應對女生暴力的 5 個建議

應對女生暴力，父母的責任首當其衝。好的父母，可以通過教育避免女兒受到暴力的侵害。好的父母，即使當女兒受到暴力侵害時，也能把這種危害降低到最低點。好的父母，當然不會讓女兒成為暴力事件的施暴者。

在校園暴力方面，女孩父母有兩個目標：一是不能使自己的女孩成為施暴者，二是避免自己的女孩成為暴力的受害者。

建議 1：健全人格的培養與愛的教育

健全人格的培養

一兩的預防勝過一噸的補救，預防是上上之策。在諸多預防措施之中，健全的人格健康是最為根本的，它是教育的核心，更是家庭教育的核心。健全人格的培養既可以避免讓女孩成為暴力的受害者，更可能避免女孩成為暴力的加害者。

什麼是健全人格？健全人格可以理解為孟子所說的 "四心"："惻隱之心，仁之端也；羞惡之心，義之端也；辭讓之心，禮之端也；是非之心，智之端也。無惻隱之心，非人也；無羞惡之心，非人也；無辭讓之心，非人也；無是非之心，非人也。" 如果一個女孩有這四個 "心"，能做到 "仁義禮智"，校園暴力將與她絕緣，至少十萬八千里遠。

愛的教育

培養健全人格，具體到預防校園暴力方面，首先要進行愛的教育，即愛自己、愛他人、愛社會。愛自己的人，不會成為暴力的加害者，因為她不會拿自己的前途和將來去冒險，在遇到衝突的時候，會三思而後行，她會想到暴力行為的嚴重後果。愛自己的人，不會去惹事生非、尋釁滋事，她會想法設法地去化解矛盾來避免成為別人施暴的對象。愛他人的人，會珍惜他人，不會成為施暴者。愛他人的人，他人也總會愛他，即孟子所謂 "愛人者，人恒愛之"，相互體諒，相互尊敬，就很難發生暴力衝突。愛社會的人更不會用暴力去危害他人，危害社會。要讓女孩愛自己、愛他人、愛社會，父母就要給女孩足夠多的關愛。暴力女生多數來源於缺少關愛與溫暖的家庭。缺少關愛使她們很容易形成一種攻擊性人格，最終成為校園暴力的施暴者。因此，各種情感支持系統，特別是父母的關愛對女孩顯得尤為重要。充足的關愛可以極大的降低女孩成為施暴者的可能。

建議2：幫助女孩認識女生暴力

在女生暴力事件中，有些女生並沒有真正認識到自己的行為屬於 "暴力" 行為。有些女孩稀裏糊塗的成為暴力的幫兇，有些女孩受到暴力侵害時選擇忍氣吞聲，因為她們並不真正了解什麼是暴力，會對他人造成什麼樣傷害的暴力行為可能承擔什麼樣的法律責任。父母有責任引導女孩認識這些內容。

什麼是暴力呢？第 49 屆世界衛生大會 (1996) 首次明確將暴力定義為
"蓄意濫用權力或軀體力量，對自身、他人、群體或社會進行威脅或傷
害，導致身心損傷、死亡、發育障礙或權利剝奪的一類行為"。父母引
導女孩認識這個定義，既可以使女孩避免因無知而成施暴者，又可以使
女孩知道自己是否受到了暴力侵犯。在聯合國兒童基金會發起的兒童暴
力預防和干預項目中，所採用的兒童暴力定義取自於聯合國《兒童權利
公約》第 19 條：即 "任何形式的身心摧殘、傷害或凌辱，忽略與照料
不周、虐待或剝削，包括性侵犯" 等對兒童造成傷害的行為。

父母還要引導女孩了解校園暴力帶來的各種危害。女生暴力，會對受害
者造成嚴重的傷害，這種傷害不但是肉體上的，更重要的是心理傷害。
嚴重的暴力傷害有可能導致 "創傷後應激障礙"，受害者表現出易怒、
焦慮、沮喪、學習效率低、成績下降，甚至拒絕上學；突然沉默寡言、
孤僻古怪；因無法承受壓力而發生自傷、自殘和自殺行為。嚴重暴力傷
害所造成的心理陰影有可能會伴隨一生，如夢魘一般揮之不去。對施暴
者本身來說，其實也是一種傷害，她們會受到法律的懲罰，此外，她們
的行為所暴露出的人性陰暗也會使她們受到良心的譴責，就像有些文革
中犯下暴行的紅衛兵，終生都在為此受到良心的折磨。施暴者的暴力行
為還有可能得到暴力行為的強化，使施暴者迷戀暴力，導致罪行升級而
鋃鐺入獄。

最後，父母一定要告訴女孩暴力行為的法律責任。根據我國《刑法》第
14 條規定，未成年人年滿 14 周歲已具有刑事責任能力。一旦被受害者
起訴，將根據情節輕重調查，最高刑期高達五年。這既可以震懾暴力，

又可以教人如何用法律武器保護自己。

建議 3：引導女孩避免成為暴力的受害者

許多女孩是稀裏糊塗的成為暴力的受害者的。怎麼樣避免成為暴力的受害者呢？北京慧源心理與教育研究中心諮詢師蕭峰的三點建議值得父母們借鑒：

　首先，注意不要冒犯別人的自尊和隱私。幾乎每一個人都會有一些軟弱的敏感區，危險的避諱區，此區域好像是一片雷區，是主人有意識或無意識小心呵護的地方。

其次，要注意和他人特別是與自己可能有矛盾的人及時溝通。應當經常主動地同他談論學習和生活，使他有陳述自己想法的機會。

最後，對那些有攻擊或潛在攻擊傾向的人，平時最好敬而遠之，實在躲不開時，須注意言行舉止不卑不亢，不要擺出一副傲慢或過於害怕的樣子。當受到暴力攻擊時，切忌用激烈的言辭激怒對方，可用表示順從或先答應對方條件的 "緩兵之計" 來脫離險境再說。

建議 4：不要 "以暴制暴"

暴力行為往往是惡性循環的結果，許多暴力女生往往也同時是暴力的受害者。比如，從小就受到父母的毆打，或者受到同伴的欺負和毆打，使她們最終學會 "以暴制暴"，把暴力作為解決問題的唯一途徑。

因此，父母要以身作則，不要用暴力來解決孩子的教育問題。要通過其他更有智慧、更文明的手段來處理親子衝突以及人際衝突，為自己的孩子做出表率。

在教育孩子的過程中，父母千萬不要鼓勵或變相支持"以暴制暴"，父母要有意識地引導孩子去尋找暴力之外的問題解決途徑，比如協商談判等等，以此培養孩子冷靜處理問題、協調人際關係以及抗挫折等方面的能力。

建議5：把暴力傷害降低到最低

如果暴力侵害真的發生了，面對暴力，女孩該怎麼辦？父母在平時就要讓女孩知道：第一，生命是最珍貴的，生命只有一次，在遭受侵害時，生命的價值大於其他一切價值。第二，儘量保持冷靜，看是否有逃脫的機會。第三，不要進一步激怒施暴者，以免傷害變本加厲。第四 一旦逃脫，迅速報警，以利警方在第一時間抓住施暴者。

如果暴力侵害真的發生了，該如何安慰遭受暴力侵害後的女孩？

父母要做到如下幾點：第一，告訴她現在安全了，時刻陪伴在她身邊；第二，鑒於遭受暴力侵害的女孩容易出現自責心理 —— 認為自己的不當言行導致了對方的暴力行為，父母不能指責她，而要慢慢引導她，反覆地明確告訴她"這不是你的錯"；第三，除非必要（如警方詢問，不要讓她去回憶暴力侵害的場景，以免二次傷害。第四，如受害女孩產生較為強烈的心理反應，且持續時間過長，建議去進行專業的心理諮詢。

當暴力侵害發生時，父母一定要堅定地站在孩子一邊。暴力行為是一種嚴重的傷害性行為，往往是以多欺少，以強凌弱，受侵害者幾乎沒有能力自行解決問題，因此需要父母的介入，父母應該把保護孩子免受暴力侵害當作自己的責任。父母的選擇很多，既可以帶孩子去找那些暴力實施者，告訴他們你的態度和他們的行為可能帶來的後果，還可以去找暴力實施者的父母進行溝通協商，平靜但很嚴肅地告訴對方父母事件的過程和結果，講明自己的態度，取得對方父母的理解和支持，當然父母還可以與孩子所在學校的管理人員和老師溝通，爭取他們的支持與幫助。

知識鏈接：孩子受到暴力威脅怎麼辦？

如果遭遇暴力威脅或侵害，該怎麼辦呢？中國社會科學院新聞與傳播研究所研究員卜衛給出了她的建議[1]：

1. 相信正義在你一方，受到暴力不是你的錯，不要因為受到暴力而感到自卑和沮喪，這是對方的錯，不要害怕對方。可恥的人是欺負你的人，不是你。即使捱了打或罵，也應繼續挺起腰杆做人。

2. 觀察一下你的環境，如果你經常受到欺負，要考慮一下誰是經常欺負你的人，為什麼要欺負你，在什麼情況下會欺負你，如果你有足夠的準備或在家長的幫助下，去找經常欺負你的人談話，嚴肅地告訴對方你不能容忍他的欺負。你不需要吵架或打架或威脅，你只要嚴肅地告訴他，你們是同學，需要互相尊重。

---

① 孫雲曉主編，獨生子女教育啟示錄，江蘇教育出版社，2009 年。

3. 尋求父母或其他成年人的幫助。受到暴力，尤其是經常受到暴力，一定要告訴父母你的情況，還有你的屈辱的感受。受到暴力的情況應該公開出來。要知道，所有暴力或欺侮行為通常會在秘密的環境中進一步發展。如果不說出來，你會繼續受到欺負，如果說出來，你是在保護你自己和別人。作為你的監護人，家長有責任幫助你。向家長介紹你的情況，一起討論解決這個問題的辦法。

4. 儘量避免一個人呆在有可能遭受暴力的地方。

5. 尋求朋友的幫助。將你的情況和感受告訴你要好的朋友，取得他們的理解。在可能遭受新的暴力的時候，儘量與朋友們在一起，或者要求父母護送。

6. 嘗試在班裏解決這個問題的可能，比如，在老師的幫助下，通過主題班會、隊會、黑板報等形式公開討論這個問題，聯合所有受過欺負的同學講述自己的經歷，表達自己的意見，在班裏形成譴責暴力的輿論。

7. 如果你經常受到貶低、辱罵、起鬨，儘量不表現出你的煩惱或氣憤。要知道欺負你的人特別希望看到你的氣惱。在遭受欺負的時候，你儘量無視他們，不要對罵，通常力量懸殊的對罵會成為對方的一種娛樂。想想你未來的目標、你的朋友們、愛你的父母以及生活中一切美好和重要的事情，將這種欺負的影響降至最小。但事後，你要解決它。

8. 如果你的學校有心理諮詢老師，請求他們幫助，告訴他們你的恐懼和擔心，向他們討教如何對待暴力的方法。

9. 即使在害怕的時候，也要自信地走路。

10. 如果你告訴父母你正在受欺負，父母不理會你的話，請將下面的
"給父母的建議" 讀給他們聽。

知識鏈接：給父母的建議

1. 請重視孩子對你説的每一句話。從孩子的話中可能捕捉到嚴重影響
他身心健康的信息。不要輕視孩子的話。當他（她）説出想 "轉學"
的時候，問題就已經很嚴重了。

2. 了解孩子在學校生活的情況，了解兒童中的暴力情況，經常與孩子
討論這個問題，鼓勵孩子將自己的或朋友的情形和感受説出來。無論
是本人還是朋友受到暴力，都會影響孩子的身心健康。

3. 即使孩子不談這個問題，也要主動了解孩子在學校生活中的感受，
及時幫助孩子解決問題。不要只關注孩子的成績，更要關注孩子的
情緒。

4. 當孩子向你尋求幫助的時候，記住，可能是他（她）鼓足了勇氣才
説出來，可能他（她）仍然受到嚴重威脅，所以要及時擁抱和安慰孩
子，仔細聽孩子訴説。讓孩子覺得家庭是安全的地方，有助於他們的
身心康復。

5. 孩子間的暴力不是孩子們中間的小事，不能看作兒童生活中正常的

現象，不應認為自己的女孩被男同學親了是好玩的事情，只要是非意願的強制行為，就是對孩子人身權利的侵害。也不要認為這是兒童成長的一個必然過程，它將嚴重影響兒童身心健康和性格養成。要重視幫助受到暴力的孩子。

6. 不要指責孩子"窩囊"，即不要責備受害者。遭受暴力的孩子需要安慰和鼓勵，不需要責備。責備將造成"二度傷害"。

7. 在大多數情況下，不要教孩子去報復對方，除非在遭受暴力的時候需要自衛或"正當防衛"。一次報復解決問題是電影電視中的模式，現實生活中，報復大都會帶來更多的暴力。

8. 要教會孩子捍衛自己的尊嚴和自我保護方法，如避免一個人呆在可能遭受攻擊的地方、在胡同裏不要靠牆跟走等等。告訴孩子不要害怕打人者，人不可以因為弱小就失去人的尊嚴。告訴孩子父母會隨時保護孩子，必要時要接送孩子或給孩子提供及時通訊的手段等。

9. 不要認為兒童的事情要兒童自己來處理。暴力是一個非常嚴重影響兒童身心健康的問題，況且暴力常常發生在力量懸殊的兒童中間，比如高年級孩子欺負低年級孩子等，兒童幾乎沒有能力自己解決這個問題，父母不能不去"干涉"。父母應把保護孩子免受暴力視為自己當然的責任。

10. 在孩子遭受暴力後，父母應詳細了解情況，包括誰經常欺負自己孩子，因為什麼欺負，如何欺負等等。將孩子的話記錄下來，然後可以帶孩子或自己去找欺負他的孩子談話，了解並核實情況。不要將欺負自己孩子的兒童當作敵人進行威脅恐嚇，這是以暴治暴。要嚴肅地告訴對方，孩子受到的一切，是對孩子的傷害，作為父母，你不能容忍自己的孩子遭受任何形式的暴力，一定要解決這個問題；同學之間應該互相尊重，你將很高興看到他們能夠互相尊重，互相幫助。

11. 必要時，也可與欺負者的父母協商解決問題。平靜但很嚴肅地告訴對方父母事件的過程和結果，講明自己的態度，取得對方父母的理解和支持。

12. 孩子在學校裏受到暴力，學校也有責任。父母也可嘗試與老師協商解決問題。如果老師不太理解或不太重視，可先收集其他孩子的類似經歷，寫成報告，以顯示出問題的嚴重性和普遍性，然後正式遞交給學校或負責的教師。

發現女孩之八：
女孩的不足

與男孩群體相比，女孩群體存在以下方面顯著但微小的不足。需要特別注意的是，這種不足是指群體層面的，並不能據此判斷某一個女孩在某一方面存在不足。

一、空間能力

空間能力是指從不同空間維度知覺某一現象的能力，在把一個平面圖形解讀為一個立體圖形或者在辨別方向時，就需要這種空間能力。大多數研究者認為，男孩的空間能力優於女孩。研究者曾做過這樣的實驗來考察 3-11 歲兒童之間的空間能力差異：一杯水由垂直豎立狀態傾斜 50 度，杯中的水平面看起來是什麼樣的？男孩成績優於女孩。空間能力的性別差異在個體生命的初期就已經出現，而且貫穿整個生命全程。

與空間能力相一致的是男孩的數學能力要優於女孩。從青春期開始，男孩在算術推理測驗上表現出了相對於女孩的微小但持續的優勢。但是，這種優勢並非是全面的優勢，女孩在運算技能上比男孩強，在基礎數學知識方面，女孩和男孩旗鼓相當，在數學推理、幾何等方面，女孩落後於男孩。

男孩空間能力的優勢可能源於男孩有一個更為發達的大腦右半球，而數學能力則與男孩的空間能力優勢密不可分。

二、數學能力

研究表明，在青春期以前，男孩和女孩的數學能力沒有表現出顯著的差異。從青春期開始，男孩在大多數數學能力上佔有優勢。相對於女孩，男孩在算術推理測驗上表現出微小但持續的優勢；男孩掌握着更多的數學問題解決策略，因而能夠在複雜的幾何問題上比女孩有更好的成績。男性在數學問題上的優勢在高中階段最為顯著，有更多的男性在數學上表現出了驚人的才能。

研究也同時指出，男孩的數學優勢並非全面優勢，在計算技能上，女孩的表現就優於男孩。

9

女孩體質
健康危機

女孩體質持續下降

2009 年，上海市嘉定區對該區 3116 名高中女生進行了腰圍、胸圍、臀圍、身高和體重項目的測試。測試結果差強人意：

➢ 腰圍：大於標準值 4.36 厘米；

➢ 臀圍：大於標準值 1.54 厘米；

➢ 胸圍：小於標準值 2.35 厘米；

➢ 體重：大於標準值 1.18 公斤。

對於這個結果，有人這樣評論："該大的地方不大，不該大的地方卻大"，相當部分高中女生處於"亞健康水平"。

這不僅是一個嘉定區的特殊情況，在整個上海市，甚至整個中國，情況都差不多。總體而言，中國女孩的體質狀況不容樂觀。

1995-2005 年 10 年間，7-18 歲中國女生在身體素質的所有指標上均持續下降（見表 4）：

➢ 肺活量更低了；

➢ 短跑速度更慢了；

➢ 下肢爆發力更差了；

➢ 身體力量更小了；

➢ 耐力更不持久了。

表 4　1995-2005 年 7-18 歲中國女生體質變化狀況

		變化幅度	變化方向
肺活量	城市女生	299 毫升	↓
	鄉村女生	374 毫升	↓
速度（50 米跑）	城市女生	0.27 秒	↓
	鄉村女生	0.31 秒	↓
下肢爆發力（立定跳遠）	城市女生	6.17 厘米	↓
	鄉村女生	5.83 厘米	↓
1 分鐘仰臥起坐	城市女生	4.60 個	↓
	鄉村女生	3.96 個	↓
耐力（50 米 ×8 往返跑）	城市女生（7-12 歲）	8.43 秒	↓
	鄉村女生（7-12 歲）	9.48 秒	↓
耐力（800 米跑）	城市女生（13-22 歲）	23.25 秒	↓
	鄉村女生（13-22 歲）	24.13 秒	↓

註：“↓” 代表體質下降，“↑” 代表體質上升。

以肺活量為例，與 1995 年相比，2005 中國女生的肺活量的下降幅度均超過 10%；與 1985 年相比，2005 年的下降幅度總體超過 20%。

●●●　**中國女孩體質持續落後於日本女孩**

中日學生體質比較的數據表明[1]：2000 年和 2005 年，7-17 歲中國女孩

---

① 周愛光、陸作生，中日學生體質健康狀況的比較及其啟示，體育學刊，2008 年第 9 期。

在 50 米跑、握力和跳遠三個項目上成就均普遍落後於日本女孩，中國女孩跑得比日本女孩更慢，握力更小，跳得更近。2005 年中日女生體質比較的具體數據如表 5[1] 所示。

表 5 中日女生體質狀況比較

年齡	50 米跑（秒）			握力（公斤）			跳遠（厘米）		
	中國	日本	差值[3]	中國	日本	差值	中國	日本	差值
7 歲	11.80	11.05	-0.75	8.80	10.55	1.75	113.90	116.61	2.71
8 歲	11.00	10.45	-0.55	10.40	12.18	1.78	126.00	127.10	1.10
9 歲	10.50	9.97	-0.53	12.00	14.07	2.07	135.20	136.10	0.90
10 歲	10.20	9.53	-0.67	14.10	16.83	2.73	142.90	147.54	4.64
11 歲	10.00	9.20	-0.80	16.50	19.98	3.48	150.40	155.90	5.50
12 歲	9.80	9.01	-0.79	19.00	21.99	2.99	154.80	162.23	7.43
13 歲	9.70	8.76	-0.94	21.60	24.14	2.54	159.50	167.94	8.44
14 歲	9.70	8.76	-0.94	23.20	25.62	2.42	160.70	169.99	9.29
15 歲	9.70	8.98	-0.72	24.50	25.52	1.02	163.00	164.90	1.90
16 歲	9.60	8.96	-0.64	25.20	26.71	1.51	166.40	167.47	1.07
17 歲	9.60	8.94	-0.66	25.90	27.04	1.14	167.10	170.49	3.39

① 表 5 中的中日原始數據來自《中日學生體質健康狀況的比較及其啟示》一文，在此表示感謝。
② 差值 = 日本數據 - 中國數據，由筆者根據原始數據計算得出。

營養、貧血及視力問題突出

••• 營養：低體重與肥胖同時並存

　　中國女生營養不良的比率減少了，但體重超標及肥胖狀況變得嚴重了。1995-2005 年間，7-22 歲中國女生的營養狀況得到較大的改善，除 "中度以上營養不良" 的比率稍有提升以外，"輕度營養不良"、"較低體重" 的比率在降低，"正常體重" 的比率在提升，這些都是好現象，但從根本上來說，中國女生的營養不良問題並未得到解決。2005 年，城市女生的 "較低體重" 的檢出率仍高達 26.72%，鄉村女生的檢出率為 28.43%。更為引人關注的時，超重及肥胖問題正變得日益突出出來，"胖妞" 越來越多，形成了一個新的健康問題。

••• 貧血

　　貧血狀況，可以通過 "低血紅蛋白" 進行粗略性的反映與篩查。通過調查數據，我們可以看出：儘管中國女生的 "低血紅蛋白" 檢出率有了較大幅度的下降，但女生的貧血狀況未得到根本性好轉，2005 年中國女生的

"低血紅蛋白"檢出率仍高達 15%。

表 6　1995-2005 年中國女生（7-22 歲）營養狀況（%）

		1995 年	2005 年	變化幅度	變化方向
中度以上營養不良	城市女生	0.28	0.28	0	
	鄉村女生	0.26	0.29	0.03	↑
輕度營養不良	城市女生	7.94	5.74	-2.2	↓
	鄉村女生	5.41	5.43	0.02	↑
較低體重	城市女生	36.91	26.72	-10.19	↓
	鄉村女生	33.39	28.43	-4.96	↓
正常體重	城市女生	47.83	53.53	5.7	↑
	鄉村女生	55.65	56.61	0.96	↑
超重	城市女生	5.48	8.72	3.24	↑
	鄉村女生	2.20	4.61	2.41	↑
肥胖	城市女生	2.55	5.01	2.46	↑
	鄉村女生	1.09	2.63	1.54	↑

● ● ●　**視力不良**

　　中國女生的視力問題可用八個字形容：居高不下、日趨惡化。女生視力不良檢出率呈逐年上升的趨勢：

　　➢　1995 年，18 歲組城市女生的視力不良檢出率為 77.90%，2005 年上升為 85.65%；

　　➢　1995 年，18 歲組鄉村女生的視力不良檢出率為 70.00%，2005 年上升為 79.96%；

➤ 1995 年，19-22 歲組城市女生的視力不良檢出率為 82.40%，2005年上升為 83.48%；

➤ 1995 年，19-22 歲組鄉村女生的視力不良檢出率為 78.60%，2005年上升為 84.46%。

從小學到大學，教室裏不戴眼鏡的女生越來越少，戴眼鏡的越來越多，教師站在講台上，看到的是一片玻璃反光。

體質健康與學習成績之間存在密切的關係。要想有好成績，好身體是本錢。美國有一項研究證實：體質好，成績也好。

美國加州大學洛杉磯分校的麥凱西博士等人對 1989 名五、七、九年級學生進行了調查[1]，目的是探討體質、體重數據與加州的標準化數學、閱讀與語言測試成績之間的關係。

這項研究發現：

➤ 初高中學生在一英里的跑步／步行體質測試中，用時每多出一分鐘，考試成績就會下降一分以上。

➤ 將近三分之二（65%）的學生沒有達標。與這些體質未達標的學生相比，體質達標學生的平均成績更高。

➤ 與體重正常的學生相比，超重與肥胖學生的考試成績明顯較低。

基於此研究結果，麥凱西博士建議學校和父母要留意體質與學習成績之間的關係。他們認為：要充分發揮人腦功能，"最好保持健康的體質及健康的體型"。

從這個研究中，我們不難看出，身體好和學習好並不相互矛盾，它們相互促進。如果沒有好的體質作基礎，中學時期巨大的學業壓力有可能損害女孩的體質，反過來危及其學業成績。

---

① 體質好的學生學習成績也較突出，21 世紀，2010 年第 4 期，轉引自 2010 年 2 月 26 日路透新聞網。

好體質，女孩一輩子的健康與幸福

　　北京師範大學體育與運動學院的毛振明教授認為體育是一種"童子功"，有些項目過了一定年齡就不可能有好的發展了，有些身體鍛煉過了一定階段，效果就沒有了。

　　對於女孩來講，兒童青少年階段，尤其是青春期，是其體質形成的關鍵期。所謂關鍵期，是指在某一特定時期，某種行為或品質最容易獲得，如果錯過這一時期，這種行為或品質很難再獲得，或者獲得的程度遠遠低於本應達到的水平。研究指出：在關鍵期，體育鍛煉對體質的提升最為明顯，可以充分發掘個體的運動潛能。如果錯過這一體質發育的關鍵期，將會貽誤終身，即使將來再怎麼努力，個體體質也很難有大的提升。打個比方：如果一個女孩的體質潛能是 100，那麼在兒童青少年期進行適度的體育鍛煉，她的體質潛能可能會達到 90（理想狀態是 100，但難以達到）；如果她缺乏體育鍛煉，她的體質潛能可能只有 50，而且，以後再怎麼鍛煉，也不可能達到 90 的水平。

　　一個女孩在兒童青少年時期的體質及健康狀況，必將影響到她以後的生活和職業表現。體質差，健康水平不高，抵抗力就差，容易患病，生活質量就好不了，幸福指數也高不了。在現代社會，雖然體力勞動的重要性已大大降低，但是社會的競爭程度卻更高更劇烈了。社會競爭並不分性別差異，社會對男性女性的要求是同一標準。有一個好身體，才有競爭的基礎。

身體是"載知識之車而寓道德之舍"。體質不行，健康有問題，對女孩來講，不僅危害當今，而且遺患未來。

知識鏈接：女孩體質發展的關鍵期

在青少年時期，身體各項素質均有一個最快發育時期，也就是"敏感期"。關於"敏感期"，學者薩斯洛夫撰文指出[1]：

在身體形態特徵上，女孩的成長最快期比男孩早兩年，而在性成熟時身高和體重的最快發展期女孩則要早於男孩一年或兩年。女孩身體的形態特徵發展最快時期在 12-15 歲。

在力量特徵上，女孩力量耐力的最大發展時期是 16-18 歲，速度力量的最初發展是在 7-8 歲，其最大發展速度，女孩在 12-16 歲。

在耐力特徵上，男孩和女孩的最大耗氧量都是隨年齡的增長而提高的。有氧能力發展的最敏感時期是在性成熟時期。在 12-16 歲之間相應的耗氧量幾乎保持不變。事實證明，青少年在 12-13 歲無氧耐力發展甚微，而到了 16-20 歲（生理成熟時期）才

---

① F・Suslov，劉繼領譯，青少年身體素質發展的敏感期，中國體育教練員，2006 年第 1 期。

會有更實質性的發展提高。

在速度特徵上，不同運動中的速度素質發展是從 7 歲開始的，最快的發展提高是在 14-17 歲。肌肉反應速度的最顯著發展是在 7-11 歲。其中對複雜運動順序反應速度的發展約在 11-16 歲，而對運動頻率反應速度的發展基本在 10-13 歲，且 18 歲之前還會繼續提高。

在協調特徵上：在 12-18 歲，人體負責"運動控制能力"的神經系統的發展領先於植物功能系統，因此，大多數權威專家認為協調能力發展的最適宜年齡是在這個階段。

體質危機，不僅危及女孩本人，還具有更長遠的影響，因為女孩可能是將來的母親，她們承擔着家族和種族繁衍的重任。

母親的體質及健康狀況將對下一代的成長發育具有至關重要的影響。與父親相比，母親的體質及健康狀況，對孩子的體質及健康影響更大。

孩子的較量就是國家未來的較量，孩子的隱患也是民族未來的隱患。面對新世紀的國際競爭，高分"軟骨"的孩子難以擔當民族振興的重任。我們不能片面理解"體育"，實際上體育不僅使人身體強壯，而且也是強心之育，是規則之育，是合作之育。顯而易見，堅定有力地推進素質教育，把身體好確立為教育的第一目標，是保證學生體質健康的根本措施。

女孩承受更大的學業壓力

　　我們知道，從小學到大學，女孩成績遠遠好於男生，但這種好成績是有代價的，那就是更長的學習時間，更大的學業壓力。

　　我們認為：體質本來就處於弱勢的女孩正承受着比男孩更大的學業壓力。

　　與男孩相比，女孩的體質本身來處於明顯弱勢。男性的力量更大，速度更快，耐力更持久，這是長期自然進化的結果。但是，巨大的學業壓力是不分性別的。在目前的應試教育狀態下，女孩和男孩面對的學業壓力又被成倍放大，調查顯示[1]：34% 的中學生和 19.64% 的小學生感到課業負擔很重，12.48% 的中學生每日家庭作業時間超過三小時，1.3% 的小學生每日家庭作業時間超過兩小時。這麼巨大的學業壓力，體質更為強壯的男孩都難以承受，男孩的體質健康已受到了嚴重損害，對於體質本身處於弱勢的女孩來說，其遭受到的損害性影響無疑更為巨大。

　　與男孩相比女孩承受着更大的學業壓力。由於在就業方面存在的性別歧視，現在的女孩為了獲得同樣的就業機會，需要表現得比男孩更優秀，

---

① 中國學生體質與健康調研組，2005 年中國學生體質與健康調研報告，高等教育出版社，2007 年。

需要表現出更高水平的學業成就。我們的研究表明，從小學到中學再到大學，女孩學業成就均顯著優於男孩，這其中當然有應試教育不利於男孩的一面，但這也是女孩這個群體付出更多的學習時間、更加努力的結果。研究也證實了我們的推論：中學女生做家庭作業的時間多於男生，大學女生的出勤率、用功時間均顯著超過男生。

　　女孩的體質本來不如男孩，而學業壓力又比男孩更大，巨大的學業壓力對女孩體質的損害更大。而且，與男孩不同，進入青春期的女孩還要面對週期性的月經，每個月她們有一週左右的時間處於失血狀態。在月經來臨時，女孩應該多注意休息，但是巨大的學業壓力讓她們無暇休息，女孩的身體正因此承愛更大的危害。

女孩，體育鍛煉更為缺乏

　　體育鍛煉是增強體質、提高健康水平的主要途徑，在兒童青少年時期，科學合理的體育鍛煉將會對一個人一生的體質及健康打下良好的基礎。對此，中小學生也認同，調查顯示[1]，60% 以上的中小學生認為體育鍛煉不足導致身體不好。

　　體育鍛煉對男孩女孩都很重要，但與男孩相比，女孩的體育鍛煉更為缺乏，這主要反映在體育鍛煉時間和對體育鍛煉行為上。

　　女孩的體育鍛煉時間少於男孩。以 17 歲男女生為例，女生的鍛煉時間少於男生[2]：

> ➢ 每天鍛煉時間少於 0.5 小時的，男生佔 32%，女生佔 38.6%；
> ➢ 每天鍛煉時間為 0.5-1 小時的，男生佔 43.5%，女生佔 42.8%；
> ➢ 每天鍛煉時間為 1-2 小時的，男生佔 18.1%，女生佔 15%；
> ➢ 每天鍛煉時間為 2-3 小時的，男生佔 4.4%，女生佔 2.7%；
> ➢ 每天鍛煉時間 3 小時以上的，男生佔 1.9%，女生佔 1.1%。

---

① 中國學生體質與健康調研組，2005 年中國學生體質與健康調研報告，高等教育出版社，2007 年。
② 同上。

女孩對體育鍛煉的行為表現也差於男孩。在 7 歲組男女生中[1]：

> "因沒有養成習慣而不積極參加鍛煉"的女生為 63%，男生為 55.1%；

> "因怕累而不積極參加鍛煉"的女生為 59.5%，男生為 55.1%；

> "因為太累而不喜歡長跑"的女生為 82.2%，男生為 78.8%。

有些女生往往會以月經為藉口逃避體育課，逃掉了本來就很少的鍛煉機會。

與男生相比，女生的體質本來就處於弱勢，而體育鍛煉時間少於男孩，對體育鍛煉的行為表現又差於男孩，這正反兩方面的對比，加劇了女孩體質及健康狀況的危機，女孩的體質狀況其實更為令人擔憂。

進入青春期以後，隨着女孩體內脂肪的迅速增多，女孩體形會日漸豐滿，這是為女孩將來承擔生育做準備，但是，在不合理的社會期望下，許多女孩對自己的身材具有不合理的期望，期望不切實際的消瘦與苗條。

針對脂肪的增加，許多青春期女孩的第一反應往往是減肥。在許多情況下，由於減肥教育的缺失，女生的減肥和節食並沒有科學合理的進行，她們容易聽信一些減肥機構的不當宣傳以及減肥廣告的誤導，急於求成，單純通過節食和服用減肥藥來保持體形。2005 年一項對中國女大學生的減肥調查表明[2]：由於不當的減肥，46.5% 的減肥女大學生稱，體質大不如從前，有不少學生出現怕冷、雙腿浮腫、便秘等現象。

這對青春期女孩危害甚大，因為她們正處於身體迅速發育的時期，需要大量的營養物質，因營養不良而導致的體質下降和健康問題將對其終生的體質及健康產生影響。

---

① 中國學生體質與健康調研組，2005 年中國學生體質與健康調研報告，高等教育出版社，2007 年。
② 女大學生減肥調查：八成女生認定身材關係前途，http://news.sohu.com/20051129/n227623622.shtml。

培養女孩好榜樣：李紅

我們下面要講的故事主角是李紅，她是國際奧委會駐中國首席代表，她喜愛運動的習慣成就了她的人生，用她自己的話說："自己是從小'跑'進國際奧委會的"——她從天津"跑"到清華，又從清華"跑"到哈佛，最終"跑"向神聖的奧運殿堂，既收穫了夢想與成功，又收穫了一個幸福的家庭。她把這一切都歸功於父親，是父親的督促和鼓勵讓她喜歡並且養成跑步這個好習慣的 [1,2]：

李紅出生在天津一個普通的知識分子家庭，身為大學教授的父親認為，長跑是鍛煉健康體魄、培養堅毅品格的最佳課程。

六歲生日前一天，父親告訴李紅："紅兒，明天是你的生日，爸爸要送你一件特別的禮物。"李紅一聽，高興極了。第二天早上，李紅被父親從被窩裏拽起來領到馬路上。原來，父親送給她的禮物是陪她一起跑步。從六歲開始，李紅的父親每天早上都帶着她晨跑。有時候，父親騎着單車陪她跑。在李紅最累的時候，他總是嚴厲地不允許女兒停下腳

---

① 劉曉；奧運首席代表李紅：用智慧經營事業和婚姻，婦女生活，2008 年第 9 期。
② 漁樵、耕讀、李紅，與奧運同行：國際奧委會駐華首席代表李紅的婚姻和家庭，家庭生活指南，2008 年第 6 期。

步。這一跑，就是 13 年，李紅就從小學一直跑到了高中畢業。

天津人都熟知的水滴體育館所在地，就留下了李紅兒時跑步的足跡，那時候家是起點，這裏是終點，兩者相距三公里，她每天早晨奔跑往返於其間，從小學一直跑到高中畢業。運動給李紅帶來的不僅僅是良好的身體，還有不斷挑戰自我、戰勝自我的喜悦。

1986 年，帶着學習尖子和體育尖子這兩頂帽子，李紅順利地考入了清華大學土木工程專業。從那以後，每天下午四點，李紅都會停下手頭的功課衝上操場，開始雷打不動的跑步鍛煉。在清華的幾年，李紅一直是校體育代表隊女子 400 米、400 米欄、4×400 米接力的主力運動員。五年大學生活，李紅收穫的不僅是扎實的專業知識，還有 "400 米女王" 的稱號。

她一路 "跑" 進了哈佛大學的校園，在哈佛校園，她每天仍不忘跑步。在跑步的時候，她的身邊不知什麼時候多了一個男生，他們互生好感，由相識到相愛，熱愛運動的她認識了同樣熱愛體育的老公。

自從 2001 年 7 月北京成功申辦 2008 年第 29 屆奧運會以來，國際奧委會就一直在尋覓一個人。這個人必須同時符合三個條件：第一，必須是中國人，會講中國話，在中國出生；第二，要在美國受過教育，要有在美國大公司工作的經歷；第三，這個人要熟悉歐洲的文化 —— 因為國際奧委會總部設在瑞士洛桑。這個人將在未來的幾年內，擔負起國際奧委會北京 2008 代表處首席代表這一要職。李紅正好符合這三個條件。她順利地成為國際奧委會駐中國首席代表，為 2008 北京奧運會的順利舉辦做出了貢獻。

李紅在接受採訪的時候，特別感謝父親，感謝在 6 歲那年父親帶她走上跑步之路，並幸運的一路 "跑" 進了清華，"跑" 進了哈佛，"跑" 進了國際奧委會，讓她同時收穫了事業的成功與愛情的甜蜜。

提高女孩體質的 5 個建議

建議 1：轉變觀念：體質健康對女孩很重要

中國女孩的體質健康狀況不佳，主要是後天的環境和教育導致的，家庭教育和學校教育對此負有不可推卸的責任。許多父母，過分關注女孩的學習成績，而忽視了她們的體質及健康。許多父母和學校都"急功近利"，只關注女孩現在的成績表現，而沒有意識到體質及健康對女孩的長遠影響。正是在父母和學校的影響之下，許多女孩也不關注自己的體質健康，渾然不知體質孱弱的長期影響。鑒於此，提高女孩體質，要從轉變觀念做起，要讓父母、學校和女孩都認識到體質健康的重要性。

第一，最重要的是，要把女孩體質的重要性放在女孩終生幸福的戰略地位上。中國的父母可謂是最具愛心的父母、最具奉獻精神的父母。父母要切實認識到體質不佳、體弱多病對女孩未來的生活與職業、健康與幸福的深遠影響，並在實際的教養活動中，把女孩的體質健康放在重要的位置上。

第二，父母要意識到兒童青少年時期是女孩體質增長的關鍵期。關於這一點，我們再重複一次，所謂關鍵期，是指在某一特定時期，某種行為或品質最容易獲得，如果錯過這一時期，這種行為或品質很難再獲得，或者獲得的程度遠遠低於本應達到的水平。如果在青少年時期不注意女孩的體質發展，將來想彌補，將變得難上加難，甚至不可能了。

世界衛生組織（WHO）總幹事馬勒博士的一句話："必須讓人們認識到，健康並不代表一切，但失去健康，便喪失一切。" 這句話，應該成為女孩父母的共識，也應該成為女孩們的共識。

建議2：樹立健康新理念

什麼是健康呢？按照世界衛生組織的定義，健康是包括生理健康、心理健康和社會適應正常的綜合概念。中國工程院院士、中華醫學會會長鍾南山認為，沒病不等於很健康。青少年不能僅僅追求沒病，因為體質健康與身體健康是兩個概念。身體健康，是指各器官都沒有病痛；而體質包括體格、體能和適應能力等幾個方面。

體質是健康的基礎與保證，一個健康的女孩，應該是體質與健康俱佳的女孩，沒病只是最低層次的要求，遠遠不能滿足二十一世紀對人的發展的要求。

建議3：父母要給女孩"減壓"

應試教育所造成的過高學業壓力是女生體質健康危機的最重要的原因，過高的學業壓力極大地壓縮了女孩的運動時間與空間，並直接導致其體質下降，健康出現問題。因此，切實減輕女生的學業壓力應屬當務之急。

父母不能改變學校應試教育的現狀，但父母可以改變自己的做法。父母可以選擇：在學業壓力已經危及女孩體質及健康的情況下，要學會給女孩減壓。

父母要學會接受一個平凡的女孩。父母要知道：大多數孩子都是普通孩子，讓所有的孩子在學習成績上都是前幾名是不現實的。父母一定要告訴女孩：不管她學習成績好不好，爸爸媽媽仍然一樣地愛她。

建議 4：均衡飲食

女孩的體質及健康狀況不佳，營養狀況不良，這與飲食營養密不可分。明代著名醫學家李時珍曾說："飲食者，人之命脈也"。人類的生命維持、工作和思維都依賴飲食所提供的營養物質。健康飲食是保證合理營養的惟一途徑。飲食科學與否直接影響到一個人的體質與健康狀況。世界衛生組織近年對影響人類健康的眾多因素進行了評估，結果表明膳食營養因素的影響遠遠高於醫療因素的作用。

兒童青少年時期的女孩正處於身體快速發育的時期，在這一時期，兒童的身體發育很快，身高和體重增長迅速，逐漸接近成年人，機體各系統器官也逐漸發育成熟。他們所需的能量和各種營養素的數量相對要比成年人高。如果飲食不合理，營養攝入不均衡，就會發生營養問題，最終影響其體質健康狀況。

如何均衡飲食？下面幾點是對女孩父母的建議：

第一，指導女孩制訂營養食譜。父母可以跟孩子一起購買或借閱一些與均衡營養有關的圖書。也可以上網查找一些相關的資料信息。父母可以根據 "中國居民膳食寶塔" 的要求指導孩子的飲食。這個 "寶塔" 要求每個人每天都要攝取一定量的各種營養物質。有條件上網的父母，可以跟孩子一起瀏覽"中國營養學會"的網站（http://www.cnsoc.org），了解有關兒童膳食營養的相關問題。父母根據這個"寶塔"或者其他飲食健康書籍，制定女孩的營養食譜，保證各種營養物質的足量攝取。在制定營養食譜時，父母還要注意到女孩身體發展的特點，如青春期時，因為週期性的失血，要多食用一些補血的食品。

第二，最重要的是，要吃好一日三餐。首先，要特別重視女孩的早餐。營養學認為早餐提供的熱量應佔全天總熱能 25-30%，而且早餐營養的缺失很難通過午餐和晚餐來彌補。其次，要吃好午餐。許多營養專家認為，午餐是一日三餐中最重要的一餐，它在一日三餐中為整天提供的能量和營養素的比例都是最高的，高達 40%。午餐對孩子在一天中體力和腦力的補充，起了承上啟下的作用。最後，告別"補償式"晚餐。一般情況下，現在的晚餐成為孩子最豐盛的晚餐，父母希望孩子早餐和晚餐中缺失的營養補充回來。從營養學角度來說，這種"補償式"晚餐是不可取的，晚餐吃得過多會影響孩子第二天早餐的食慾，還會導致孩子的肥胖以及加重消化系統的負擔而引起胃腸疾病等等。父母應注意：晚餐"豐盛"可以，但晚餐所攝取的熱量和營養物質不要超過全天供給量的 30%。

建議 5：加強體育鍛煉

毋庸置疑，缺乏足夠的體育鍛煉是女孩體質健康的直接殺手。體育鍛煉對於身體正在迅速發育成熟過程中的女孩具有重要意義。

毛澤東早在 1917 年就指出"無體，是無德智也"，他主張人應當"文明其精神，野蠻其體魄。"我國著名教育家斯霞曾為我（孫雲曉）手書贈言："德育不好是危險品，智育不好是次品，體育不好是廢品。"

體育鍛煉最大的功能是提高女孩的體質，為其一生的幸福打下良好的生理基礎。體育鍛煉對女孩體質具有多方面的好處：

➤ 體育活動有助於女孩骨骼肌肉等運動系統的發展與完善，提高女孩心血管系統的機能。有資料顯示，一般人每次脈搏輸出量為 70-90 毫升，經常鍛煉的人為 100-120 毫升。良好的體質可以幫助女孩適應越來越激烈的社會競爭，巾幗不讓鬚眉，成為生活的強者。

➤ 體育鍛煉能很好地促進女孩的神經系統（特別是大腦）的機能，體育與智育是可以相互促進的。體育鍛煉可以改善神經系統的機能，使人的頭腦清醒，記憶迅速，思維敏捷。

➤ 體育鍛煉，有助於提高女孩的自尊水平。體育鍛煉不但有助於體質與健康，降低女孩身體中的脂肪水平，而且有助於提高其自尊等積極心理品質。心理學研究發現[1]：中學時期參與體育運動與大學時的自信有明顯的關係，參與體育活動越早、越廣泛的女生在大學時的自我價值水平越高。

➤ 體育鍛煉可以很好的滿足女孩對美的追求。體育鍛煉可以有效地促進女孩身高的增長，經常參加體育鍛煉的學生與其他同齡人相比，身高平均高 4-7 厘米。體育鍛煉還有助於女孩完美體形的塑造，體育鍛煉所塑造出來的美才是真正的自然美、健康美。

---

① David.R.Shaffer 著，鄒泓等譯，發展心理學，中國輕工業出版社，2005 年。

知識鏈接：體育鍛煉的 "FIT" 原則

如何有效、合理、科學地開展體育鍛煉呢。父母可以跟女兒一起制訂她的體育鍛煉計劃，確定每週的鍛煉次數及每次運動的持續時間。一般可以按照 "FIT" 原則設計體育鍛煉計劃：

➢ "F" 代表頻率（Frequency），指每星期應該運動多少次。
➢ "I" 代表最佳的運動強度（Intensity）。
➢ "T" 代表時間（Time），即每次運動應該持續的時間。

頻率：一般來說，孩子每星期至少需要運動四次。這樣可以使人的身體活動量超過生存的需要，而少於四次意味着健康水平沒有實質性的提高。

強度：運動過度或運動不足效果都不好。什麼樣的強度才是適宜的運動強度呢？一般可以採用目標心率（心跳次數）的方法來確定最佳運動強度。目標心率是指運動時能給個體帶來最大好處的心率。目標心率的計算公式如下：

目標心率（每 10 秒）＝（220 －孩子的年齡）X70%÷6

公式的分子部分即是每分鐘的目標心率。之所以除以 6，是因為在測量心率時，只需要數 10 秒即可。10 秒以後，心率就會恢復到正常狀態。

為了確定是否已經達到你的目標心率，可以先運動 20 分鐘，然後測一下手腕或喉結部位的跳動次數。

如果心率超過了目標心率，或者累得喘不過氣來，那麼說明運動強度過大了，應該放慢運動速度。

如果心率小於目標心率，那麼說明運動強度過小，應該加快速度再重新測一次。

如果心率恰好等於或接近目標心率，那麼這就是最佳心率，以後保持這一強度即可。

時間：為了使身體運動帶來更多的好處，每次至少要將心率保持在目標心率左右持續運動 20-30 分鐘。那種劇烈運動，歇一會，再劇烈運動一會，再歇一會的做法並不符合不間斷原則。一旦開始運動，你就不要停下來，不要間斷，大約持續半個小時左右。在運動前花幾分鐘做做熱身，在運動後用幾分鐘放鬆放鬆。

在進行體育鍛煉的過程中，要注意以下三個原則：

全面性原則。體育鍛煉的目的，是促進身體的骨骼、肌肉及身體內臟器官的生長發育，發展勻稱豐滿的體型。因此，身體的每一個部分都要得到合理的鍛煉，上下、前後、大小肌肉都要得到均衡的鍛煉。

循序漸進原則。鍛煉時要做到由慢到快，由小負荷到大負荷，由短距離到長距離，內容由少到多。在具體操作上可以遵循 10% 原則，即每週的運動強度、運動量或持續運動時間的增加不得超過前一週的 10%。

針對性原則。要針對女孩的生長發育階段進行鍛煉，不同時期體育鍛煉有不同的鍛煉目標，比如在少年兒童時期，腿部的長骨正處於生長期，加強下肢骨的鍛煉，可增加高度和腿的長度。還要針對女孩自身的特點進行鍛煉，如肺活量不夠，那麼就可以通過跑步來提高孩子的肺活量，要在增強體質的基礎上 "缺什麼補什麼"。

父母認識到體育鍛煉很重要相對容易一些，但做起來並不容易。父母要率先做好女孩的榜樣，從女孩喜歡的體育項目入手來提升她們的運動興趣，吸引她們喜歡上體育鍛煉，並最終養成運動的習慣。

發現女孩之九：
活動性低與服從性強

女孩的某些特點，既不能說是女孩的缺點，也不能說女孩的特點，它們只是女孩不同於男孩的特點而已。

一、活動性

早在胎兒時期，女孩的身體活動就比男孩少，女孩更安靜一些；在整個童年期，女孩的活動水平持續低於男孩。女孩喜歡的遊戲往往是安靜型的，她們喜歡那些能夠增進群體親密關係的玩具。

二、服從性

從學前期開始，女孩對於父母、教師和其他權威者的要求，比男孩更為順從。當希望他人順從自己時，女孩一般會採用機智、禮貌的建議，而男孩更多地藉助於命令或控制性的策略。

美國研究人員曾調查了 20 個由學生策劃的未遂校園槍擊案的案例 [1]。其中有 18 個案例都是知悉此事的女孩提前報告了校方或其他成年人。研究人員認為：女孩往往從成人的視角看形勢，而男孩首先忠誠於其他男孩。

心理學博士里奧納多‧薩克斯認為，女孩更順從，是因為她們喜歡和大人擁有同樣的目標和價值觀，而男孩不是，他們很少對大人的目標和價值觀產生共鳴，而更傾向於做一些違法行為。

美國一些心理機構的調查發現，女生能夠更好地理解教師的意圖，更好地配合、服從。而男生則顯得更加反對權威，喜歡爭吵和冒險。

---

① 里奧納多‧薩克斯，家有男孩怎麼養，中國青年出版社，2003 年。

10

女生就業受歧視

女生就業更易遭受歧視

曾流傳着這樣一則有點搞笑的網帖：

在回答用人單位"談戀愛了嗎"的問題時，某女大學生稱：我的 EQ（情商）很低，對男孩子沒感覺。所以，五年內保證不戀愛；五年後萬一不慎戀愛了，保證五年內不結婚；五年後萬一不得不結婚了，保證五年內不生孩子；五年後萬一不小心必須生孩子了……那應該是 45 歲以後的事了，你們可以考慮辭退我了。

這則網帖當然有很大的誇張成分，但它既詼諧又酸楚地指出了一個事實：有些用人單位在錄用員工時存在性別歧視，"寧要武大郎，不要穆桂英"。

在就業時，女生往往面臨着許多看得見或看不見的歧視，有些單位明確要求"只要男生"，有些單位則更隱蔽一些，說得很模糊，但往往隱含着這樣一些信息：同等條件下，他們會優先錄用男生。有一些女生對就業競爭力排了一個順序：男碩士、優秀男本科生、女碩士、女本科生……

••• "贏在考試輸在就業"

從幼兒園開始，到小學、中學，甚至大學，女生的學習成績明顯優於男生，以我國最高水平的國家獎學金為例，從 2010 年到 2015 年，連續五個年度，男女生獲獎比例接近 1：1.50，高考狀元中，女生比例也遠遠高於男生。目前，女大學生已撐起高校的半邊天，大學校裏一片姹紫嫣紅。但是，這些學業優秀的女生在就業時往往卻屢遭挫折，在學業征程的終點上，她們遇到了各種有形無形的障礙。有些用人單位明目張膽地告知：只要男生，女生免談；而有些用人單位則提出了苛刻的條件 —— 聘用期不得懷孕生育。這讓她們步履蹣跚，莫名其妙地輸給那些遠不如她們的男生，而這一切的原因可能僅僅是因為她們是"女生"。

女大學生就業受到不公正對待，各種各樣、有形無形、正當的不正當的因素在阻礙她們的就業之路，她們也在不斷謀求"出路"：

面對激烈的就業競爭以及各種性別歧視，有些女生無奈之下，只好選擇"曲線就業"，把重心轉移到找一個男朋友、好老公上，這被女生們戲稱為找一張"長期飯票"。她們寄希望於釣到一個"有車、有房、有錢"的"金龜嫁"，下半生吃喝無憂。工作嘛，對她們來說已不重要。她們放棄了對獨立的追求，選擇了依賴別人去尋找幸福。

有些企業雖然不太願意招聘理工科女生，為了留住優秀男生，願意同時招聘其女朋友，以解決"家屬問題"，以便讓男性員工更願意把根留住，安穩工作。這種就業形式被稱作為"打包"。許多女生表示，其實被"打包"實屬無奈之舉。

••• 考碩讀博

因為就業困難，更多的女生選擇讀研究生深造而推遲就業，暫時逃避就業。近些年，女碩士和女博士的數量迅速攀升，女生考研率持續走高，背後的重要推手之一就是就業。就業雖然推遲了，但將來的就業仍然是她們繞不過的一道坎。由於就業形勢持續惡化，研究生畢業後的就業不見得比當初好。

2010 屆大學生月度跟蹤調查顯示：截止 2 月底，2010 屆畢業生中女生的簽約率為 21%，男生為 29.5%。女生簽約國企的比率以及女生在國企、民企方面的月薪和專業對口率等都低於男生。在已簽約的畢業生中，男女生月薪平均最大差距為 563 元，女生的專業對口率低 12 個百分點。民企方面，2010 屆已簽約女生的平均月薪比男生低 370 元，女生的專業對口率也低 12 個百分點。在國企方面，女生的平均月薪低 357 元，專業對口率低 14 個百分點。這次調查由專業的教育調查機構麥可思公司公佈，調查回收有效問卷 6.4 萬餘份，其中本科生 3.5 萬份，專科生 2.9 萬份，應該說具有很強的代表性。

2007 年，勞動和社會保障部對 62 個城市的調查顯示，有 67% 的用人單位提出了性別限制，或明文規定在聘用期不得懷孕生育；80% 以上的應屆畢業女生在求職過程中遭遇過性別歧視。

2004 年，對廈門大學 2002 屆 1068 名本科畢業生的調查發現：在控制其他影響因素的情況下，男大學生的就業機會要比女生多出 14%。

2003 年，雲南省婦聯、雲南省社科院等部門合作的一項專題調查顯示：大部分學生投入在找工作上的時間為正常學習時間的 30-70%，女生花在找工作的時間遠遠多於男生，但結果卻是男生就業率為 35.5%，女生僅為 17.5%，男生就業率是女生的 2 倍。

性別歧視在作怪

　　在傳統的勞動力市場上，存在着"重男輕女"的歧視思想，認為女性的勞動能力要低於男性。在過去以體力勞動為主的時代，這種想法有一定道理，畢竟女性的體力普遍比不上男性。今天，體力勞動的重要性已大大降低，知識經濟已逐漸佔據統治地位，一個人的勞動能力不再取決於體力的大小，而取決於智慧的高低，在智慧方面，男女兩性是不分高下的。但是，"重男輕女"的歧視思想仍然具有較為強大的慣性，仍在支配着某些人的思想，一定程度上導致了女生容易在市場上受到歧視。

　　女生在找工作的過程中，經常被問及婚育問題，一些用人單位明確要求"×年之內不得結婚生子"。用人單位，尤其是企業單位，以贏利為目的，考慮到用人成本，往往會把生育成本這種"性別虧損"計算入內。在接受記者採訪時，一位企業的人力資源部門負責人曾毫不避諱地說，經期、孕期、產褥期、哺乳期等"四期"增加的企業成本是女大學生就業難的重要原因。企業計算得很清楚：

　　單位招聘一名大學應屆生，基本需要培養兩至三年才能成熟，這時女本科生大多到了 24、25 歲，女碩士生已 27、28 歲了，接下來就是結婚、生育，而孕期、產褥期、哺乳期基本需要兩年時間，企業大概有三到五年時間只有投入沒有回報。而一些技術更新比較快的行業比如軟件開發等，五年的時間早已更新換代好幾輪了，女員工還要再培訓才能適應新的工作要求。

　　當然還有其他一些客觀因素共同導致女生就業易受歧視。我們關注這些客觀因素的存在，但我們更為關注的是女孩自身存在的一些因素，還有家庭教育方面存在的一些原因，因為這些是父母和女生有能力去改變的。

女生自身因素："三怕"

與男生相比，女生在就業方面有"三怕"：

••• 怕不穩定

許多女生都希望能找一份穩定的工作。全國婦聯的調查顯示，47.3%的女大學生首選黨政機關、事業單位和國有企業等穩定職業，對工作地點的選擇傾向於大城市、離家近等。有一些女生，一入大學，就把考公務員作為自己的主要目標，而這個目標 99% 的情況是不切可實際的。以 2009 年中央國家機關公務員考試為例，最終通過報考審查的人數達 104 萬餘人，各職位平均競爭比例為 78：1，相較於 2008 年的 60：1 有大幅度的增長。其中一個職位 —— 中國殘疾人聯合會組聯部基層組織建設一職，有 4723 人報考，成為本次考試第一搶手職位。求穩定，說明女生缺乏開拓意識，說得透徹一些，是保守，在這個競爭日趨激烈、強調創新的時代，用人單位自然不願意考慮這樣的女生，可能沒到最後一個環節，她們就會被

"過濾掉"。

　　女生求穩定，其實許多女生父母也是這麼希望的，女生的這種求穩傾向，與父母的影響有一定的聯繫。

••• 怕吃苦

　　找一份"輕鬆"的工作是許多女生的夢想。許多父母也不希望自己的女兒吃苦。2009 年 9 月 7 日下午，武漢大學校長顧海良與千餘新生父母面對面交流，在提問環節，現場出現了耐人尋味的一幕：一位來自廣東的母親拿到話筒後竟先低聲抽泣起來。隨後這位母親哽咽地說出了她流淚的原因："為什麼不能給寢室裝上空調？"她介紹道："我的小孩從出生就有空調吹，沒想到考上了大學，宿舍裏竟然連空調和衛生間都沒有。今天我去宿舍看了，這種住宿條件太惡劣，孩子受罪，我也心疼！"這位母親還有更"雷人"的語言："我女兒身體裏的每一個細胞都需要空調！"這位母親還進一步提出，如果學校不能給她的孩子安排一個條件更好的宿舍，那就請把孩子調到一個"能分到好宿舍的專業"。

　　這則新聞當初被戲稱為"空調門事件"。空調門事件屬於個案，但也能反映出部分女生父母對孩子的溺愛與過度保護。事後，我（李文道）問過幾個還在做人力資源的朋友，他們都覺得這位母親的說法有點"搞笑"，並認真地告訴我：如果這樣的女生前來求職，他們會毫不客氣的"槍斃掉"。用人單位的邏輯是這樣的：單位不是"養人"的，是"用"人的。

　　父母願意"富養"，不願讓女孩吃一點點苦，但是沒有一個用人單位願意“富養”，用人單位希望用最小的代價換取最大的利益。父母自小不願讓女孩吃一點苦，到找工作就業時，女孩注定是要吃大苦頭的。沒有一個用人單位願意錄用一個不願吃苦、不能吃苦的大學生，不管是男生，還是女生。

••• 怕出差

在面試時，很多用人單位都會很自然地問一個問題：“能出差嗎？”很多女生往往面露難色，或直接或委婉地表示希望能找到一份不太需要出差的工作，這樣的女生會大大降低自己被錄用的機會。對用人單位來說，“怕出差”，一是說明怕吃苦，二是反映了獨立性差，缺少獨立工作的能力。不能獨當一面，時時處處需要他人提供保護，用人單位是不喜歡這樣的女生的。

現在社會是一個流動性很大的社會，社會分工和經濟全球化使出差成為“家常便飯”，即使是公務員，也時不時需要出差，不需要“出差”的工作越來越稀少了，沒有哪個用人單位敢保證某個職位不需要出差。

培養女孩好榜樣：
孫德林對女兒的理解與支持

在學業和職業發展上，父親可能發揮着更大的作用，這與父愛的獨特性密不可分。母愛往往是無條件的，而父愛往往是有條件的，父愛經常是作為一種對女孩良好行為舉止的獎勵出現的。為了贏得這種獎勵，女兒必須努力，這推動了女兒的學業和事業進步。

道格拉斯·杜內等人通過研究發現[1]，與父親生活在一起的女孩具有較高的教育期望，並且在自然科學、數學、語文和歷史等標準化成就測驗中比那些與只與母親生活在一起的女孩獲得更高的分數。約翰·斯納里的研究表明[2]：具有上進心的女性，往往可以從她們在青少年時期與父親的密切關係中覓得根源。他認為，正是父親積極地參與到女兒生活當中，才促使她們有能力實現與母親的分離，並建立起通向外部世界的道路。

好友孫德林先生分享了他的成功做法。在他的女兒面臨升學就業等重大

---

① D.B Downey,B.Powell.Do Children in Single-Parent Households Fare Better Living with Same-Sex Parents[J]. Journal of Marriage and the Family,1993（55）.
② 羅斯·派克·父親的角色〔M〕·瀋陽：遼海出版社，2000 年。

問題時，作為父親的孫德林發揮着不一樣的作用。

孫德林的女兒小帆臨近小學畢業，老師通知學生父母去學校開會，內容是畢業考前動員。

孫德林後來把 "考前動員會" 比作 "生死大戰動員會"。現實明擺着，想讓孩子將來上大學嗎？那似乎就意味着要讓孩子上重點中學，可上重點中學不容易，前三名才有希望。一個班五十多個學生，考前三名談何容易？那就準備錢吧，當時的行情好像是區重點中學五萬元、市重點中學八萬。不過考分太低了，五萬、八萬也不行！可是，花了高額學費，進了重點中學的門，女兒又會是怎樣的心理感受呢？會不會如坐針氈、四面楚歌？

果然，孫德林的女兒表示不願去重點中學活受罪，提出要報考一所非重點的中學。他的妻子立即表示反對，仍舊主張女兒要力爭進入重點中學。

於是，女兒選擇什麼中學成了他們家的爭論焦點。他的觀點是：孩子的人生最終還是孩子自己的，父母要尊重女兒自己的選擇。

爭論的結果是孫德林的女兒輕鬆地考入了那所非重點中學，免去了升初中的大考之苦，也免去了升高中的考試壓力。他的女兒在中學六年，總的說來是輕鬆愉快的，成績處於積極向上的狀態。所以，他認為當時的堅持是對的。

孫德林的女兒沒有進過名牌小學和重點中學，課外時間也很少參加各種補習班或特長班。他比較重視的是讓女兒養成讀書與寫作的習慣，鼓勵她積極參加學校的小記者活動。結果，在他的鼓勵和指導之下，女兒成為一個優秀的小記者，並且夢想成為專業記者。

為了實現記者夢，孫德林的女兒特別勤奮地學習，考入了她理想中的大學。

大學畢業後，孫德林的女兒如願以償，成為某新聞週刊的記者。由於業績較為突出，五年後她被評為資深記者。他特別感慨：選擇決定命運。他也特別自豪：在女兒選擇的關鍵時刻，作為父親的他發揮了至關重要的作用。

幫助女生成功就業的 5 個建議

建議 1：幫助女孩認識：考試成績 ≠ 就業競爭能力

為什麼許多女生 "贏在考試輸掉就業"？這固然有性別歧視的因素存在，但有一點被大家忽視了，那就是 "考試成績" 並不能直接與就業能力畫等號，也不能直接與畢業後的成就畫等號。高考狀元可以說是考試成績最好的群體，如果考試成績等於職業成就，那麼他們毫無疑問就是 "職場狀元"，事實卻並非如此。

2007 年中國校友會網大學評價課題組推出了《中國高考狀元職業狀況調查報告》，在考查了 1977-1998 年我國各省市自治區高考狀元的職業狀況後，得出一個結論："考場狀元" 並未成為 "職場狀元"。高考狀元高考成績突出，大學期間學習能力也十分突出，但其職業發展並不理想，職業成就遠低於社會預期。

中國校友會網大學評價課題組首席專家、中南大學蔡言厚教授指出，在目前我國主流行業的 "職場狀元群體" 中難覓高考狀元的 "身影"。他表示，通過核查 2007 年中國高校傑出校友排行榜的傑出人才後發現，在傑出企業家中沒有一位是高考狀元；而在學術領域，通過調查中國兩院院士、外國兩院院士、長江學者和長江學者成就獎獲獎人等專家名單，均沒有出現高考狀元的名字，同樣在傑出政治家中也沒有出現高考狀元的影子。對於其中的原因，藉用雲南師範大學青年學者馮用軍的解釋：「文憑不等於水平，學歷不等於能力。學歷只能證明你接受過高等教育，能力怎麼樣，要靠到社會上去打拚和實踐來證明。」

教育上的「第十名」現象也說明考試成績與職業成就不能相提並論。杭州市一位名叫周武的小學教師根據二十餘年的教學經歷，用十年的時間，對 1987-1997 屆的七百多名小學生作了跟蹤調查，發現了一個「耐人尋味」的「第十名現象」，即前三名之後、第十名前後直至二十名的學生，在後來的學習和工作中卻非常出色，而那些當年學習成績特別靠前的優秀學生，長大後在職場上卻表現平平，甚至在升學和就業等方面飽受挫折。

在生活和工作中，那些在學校時成績不怎麼樣的學生，到工作崗位上卻表現得非常出色，這些現象都說明了考試成績不等於職業競爭力。

因此，父母及女生本人都要明白一個道理：學習成績好並不能換來一份好工作，考試成績好並不能代表就業的競爭力。考試與職場的要求是不一樣的，遊戲規則也是不同的。與單純的考試成績相比，用人單位更為看重一個人的就業能力。女生應該在關注學習成績的同時，想辦法切實提高自己的就業競爭力。

建議 2：認清自身優勢，切勿枉自菲薄

在職場上，女生其實是有自己的職業優勢的，只不過這一點被許多女生所忽視，她們的父母也沒有意識到這一點。

2008 年發佈的《上海大學生就業問題研究》顯示，用人單位對女大學生的滿意度已經超過了男大學生。在世界範圍內，女企業家、女性管理者的表現都越來越令人讚歎。美國婦女商業研究中心甚至做出預測：一個世界範圍內的女性創業時代正在來臨。

2010 年 4 月，復旦大學發佈的 2009 年《就業白皮書》就指出 [1]："女生比男生更吃香"，除了博士生以外，在其他各學歷層次畢業生中，女生的就業保持一定的優勢，尤其是本科生中，女生的就業率（94.44%）比男生的就業率（89.80%）高出了 4 個百分點。據了解，這種 "復旦本科女生比男生吃香" 的情況，已經延續了好幾年。在 2005 年，這種優勢曾達到近 5 個百分點。

下面就是一個女生成功就業的案例 [2]：

近日，武漢理工大學華夏學院大四女生馬芮收到了廣州一家知名化工公司的正式錄用通知。當初在招聘會上，她曾被招聘人員以 "限招男生" 為由明確拒絕。

"那是去年 11 月 7 日，在華科大校園專場招聘會上。" 馬芮回憶道，"我對該公司的市場營銷崗位非常有興趣，但招聘要求上卻注明 '限招男生'。" 馬芮走上前遞上簡歷，果然被一口拒絕。"限招男生可能有你們的理由和考慮，但這個崗位女生完全可以做，請至少給我一個陳述的機會。" 馬芮侃侃而談，用自信和堅持打動了對方，成功遞出了簡

---

① 張騫，復旦大學本科女生就業比男生有優勢，http://news.qq.com/a/20100428/001663.htm。
② 談海亮等，"限招男生"？不信這個邪！楚天都市報，2008 年 4 月 13 日。

歷。在隨後五輪面試中，馬芮從二千多人中脫穎而出，成為唯一入選的女生。最終，贏得了一份僅實習期月薪就達 3000 元的工作。

"某些公司的招聘條件並非雷打不動，也用不着望而生畏。" 談起求職感受，馬芮表示，自信和韌勁很重要，如果當時自己和別的女生一樣看到 "限招男生" 的字樣就走開了，就不會有後面的機會了。

因此，對於女生來講，切勿妄自菲薄，更不能因為一時的就業歧視而自暴自棄，而要充分認識到知識經濟的到來，體力的重要性已大大降低，而女性的特點，如人際關係協調、溝通、情感等成為就業市場的競爭利器。

知識鏈接：二十世紀是女性崛起的世紀

2000 年，美國方言學會把 "她"（SHE）字推選為 "21 世紀最重要的一個字"，認為 21 世紀是一個女性崛起的世紀。在 21 世紀這個知識經濟越來越佔據主導地位的時代，競爭的方式將不再是工業文明時代的體力，而更多地表現為策劃、推廣、溝通、聯絡、互動、服務、協調……而女性特有的敏感、細膩、靈活、韌性、關愛、注意力等優勢，將大顯身手。

管理大師彼得‧杜拉克曾預言：知識性的工作將跨越性別的界線，工作性質將由重視體力向重視智力轉變。《未來男性世界》所言："在職場上，技術第一次使得男性的睪酮催發的肌肉優勢開始變得不那麼重要，繼而變成了無關緊要，現在甚至成了一個缺點。隨着以服務和理念為主要內容的網絡經濟不斷崛起，人際關係和完成多重任務的能力成為職場必備，而這些都是女性的專長。"

建議 3：主動彌補女生的劣勢與不足

女孩在就業市場有很多優勢，當然也有一些不足。我們在前面提到許多女生工作求穩定、怕吃苦、獨立性不夠等等，都是阻礙她們順利就業的因素。

有人說，這個世界上，唯一不變的就是變。在這個變化日益劇烈的世界，職業世界正變得越來越複雜，職業發展演化速度日益加快，個人的職業穩定性變差，社會的職業流動性加劇，穩定的工作機會正變得越來越稀少。父母必須清楚地認識到，過去那種為一個單位工作一輩子的生活方式已經結束了。現在的女孩，必須具有適應將來社會變化的能力，在心裏把職業變化看作為一種正常的職業現象。

女孩怕吃苦、獨立性不夠，這往往都跟父母的教育有直接關係。女孩在生理上處於弱勢地位，因此父母很容易對女孩進行過度保護，無意識地變相剝奪了女孩承擔風雨、經受磨練的機會，使女孩對生活和職業中的困難產生畏懼心理。父母要做的，是把生活中的歷練機會還回女孩，做她們的堅強後盾與支持者，但絕不能代替她們成長。

建議 4：引導女孩了解真實的職業

現在中國的教育有個很大的問題，就是學校教育與現實生活嚴重脫節。

在漫長的中小學期間，學生幾乎完全都在忙於學習各門功課，學校不關注他們未來的職業發展，父母也缺少這種意識。因此，中國的學生從小開始就對外面的職業世界所知甚少，而一旦到了大學階段，又迅速要求他們做出職業選擇，這使許多大學生無所適從，只好盲目選擇，無疑增加了就業的難度。

2010 年暑假，我（孫雲曉）在日本生活了一個月，發現日本中學生假期最熱門的事情，就是職業體驗活動。在學校的支持下，許多中學生到企業或醫院或各類服務機構去體驗。我到東京荒川區教育局了解到，這是一個全國性的安排，初中二年級的學生，都要安排四天以上的時間進行職業體驗。據說，韓國的職業體驗活動更為規範和普及。在美國，學校會鼓勵父母開展一些幫助孩子了解職業世界的活動，比如讓孩子跟父母工作一天，藉此了解真正的職業生活是什麼樣的。還有些學校開展"職業日"（Career Day）活動，學校邀請某一行業的工作人員到學校給學生們講解這個行業的工作特點。

在中國，鑒於學校很少組織這樣的活動，父母就有必要做一些特別的活動讓孩子了解各種職業。父母要鼓勵孩子走出校園，了解外面更廣闊的職業世界。在此過程中，她們會對某些職業表現出興趣，父母要有意識地引導這種興趣。特別是當女孩對一些"非女性"的職業（如工程師、機械師）產生興趣時，父母要學會保護她的這種職業興趣。在這種情況下，父親的角色對女孩對抗職業偏見與歧視更有作用。

這種興趣不一定會成為她最終的職業選擇，但這種興趣對女孩認識職業世界是很有價值的。當她們最終做出職業選擇時，這種認識會幫助她們更理智地做出選擇。

建議5：培養獨立而自信的心理品質

2001年，我（李文道）曾在一家國內知名的IT公司做過一段時間的招聘工作，招聘過一些應屆畢業生，也去過一些大型招聘會招收IT新人。在面試時，我曾遇到過有父母陪伴去面試的女大學生，她自己不急不慌地坐等着，父親和母親兩人去前台打聽面試安排。面試時，我先問了她一個問題："你是怎麼過來的？" 她很自然地回答："父母打車送過來的，" 她接着解釋道："我不認識路，這個地方太偏了，父母怕不安全，擔心我走錯了，耽誤了面試"。這個女生給我們留下的第一印象就不算好：一個二十多歲的北京女孩，面試還需要父母陪同，我們怎麼能信任她幹好工作呢？萬一需要她出差怎麼辦？儘管她的專業條件看起來還不錯，最終還是決定不予錄用。

去招聘會招聘時，遇到更多類似的情形，爸爸或媽媽陪着女兒，甚至還有全家齊上陣，爺爺奶奶爸爸媽媽一起幫女孩求職遞簡歷的情形。遇到這種情況，大多數招聘人員會禮貌地收下簡歷，但一般會特別注明 "父母陪同" 四個字，有些招聘人員會直接把這些簡歷扔掉。即使這樣的女生有機會接受面試，她們的獨立能力在面試時也往往被 "特別關照"，結果也往往證明她們缺乏必要的自立能力。

女孩在成長過程中，特別是就業競爭過程中，千萬不要妄自菲薄，一定要自信。當然，這種自信應該是建立在對自己的職業優勢與不足的充分了解與把握基礎之上的。在成長的過程中，父母不妨引導女孩去了解自己的優勢及不足 —— SWOT分析，即通過分析自己的優勢（Strengths）、劣勢（Weaknesses）、機會（Opportunities）和威脅（Threats）來充分的了解。

自信是女生最好的競爭力。現在，一些用人單位正在逐漸轉變觀念，用人單位也願意錄用那些自信的女生，錄用那些個人素質與實踐經驗俱佳的女生。有記者對浙江寧波多所高校兩百多名女大學生的調查表明[1]："性別壁壘" 不是女生就業主要障礙的想法，已成為寧波女大學生的一大共識。她們認為，影響自己就業的因素和男生是一樣的，依次為 "所就讀學校"、"個人能力"、"求職技巧"、"所學專業"、"個人學習成績" 和 "社會關係"。

---

① 尋找工作，女孩你需要自信，http://news.cnnb.com.cn/system/2006/06/21/005129849.shtml。

發現女孩之十：
害怕冒險與不具攻擊性

與男孩相比，女孩在冒險精神和攻擊性方面存在獨特之處，這使得女性是一個更加安全的性別，這也使女孩在成長過程更加順利。

一、害怕冒險

心理學研究表明，在出生後的第一年，女孩在陌生情境中顯得更為恐懼和膽怯，她們比男孩更為謹慎和猶豫，冒險活動也遠遠少於男孩；而男孩在陌生情境中就表現得比女孩更加大膽，更願意探索未知的世界，對新鮮事物更加好奇。

加拿大心理學家巴巴拉·莫倫基羅的研究指出 [1]，男孩和女孩對於危險行為有不同的看法，在面臨潛在的危險時，女性往往會認真考慮自己會不會受傷，從而不會貿然向前，而男孩子經常低估危險，甚至意識不到危險的存在，即使意識到有一定風險，他們也會選擇去嘗試。

---

① 杜布森，培養男孩，中國社會科學出版社，2007 年。

利希特·彼得森的研究發現[1]，女孩比男孩要膽怯得多，她們在騎車時剎車動作做得更早一些。男孩從錯誤中學習的速度也要慢一些，往往以為自己受傷是"運氣不好"引起的，下次可能會好一些，而且認為留下傷疤是很"酷"的事情。

二、不具攻擊性

女孩的攻擊性遠遠低於男孩。研究表明：從兩歲時開始，男孩的身體攻擊和言語攻擊就都多於女孩；在青少年時期，男孩捲入反社會行為和暴力犯罪的可能性是女孩的十倍。下面是關於攻擊性性別差異的四個研究[2]：

第一個研究要求孩子們勸說他們的朋友吃味道極差的餅乾，如勸說成功則給予獎賞。男孩子和女孩子都接受了這一挑戰。女孩子在勸說時充滿了歉意（是別人要我做的，不是我自己故意的），不會直接說謊去騙，而且願意和朋友"患難與共"，幫她吃一點那塊難吃的餅乾。男孩子會面不改色地使用撒謊等欺騙手段。如果欺騙不成功，男孩就會採取威脅等手段，強迫朋友吃。研究者總結說：女孩就像保險公司的推銷員，男孩子則像二手車販子。

第二個研究是拍攝孩子們看電視時的反應。結果發現暴力鏡頭一出現，男孩子的眼睛就會為之一亮，臉上發光，他們對暴力情節也比女孩子記得多、記得牢。

① 杜布森，培養男孩，中國社會科學出版社，2007年。
② 腦內乾坤——男女有別之謎，上海譯文出版社，2003年。

第三個研究是探討在假設的衝突情境下男孩和女孩會如何反應。結果發現 69% 的女孩選擇離開 "是非之地",或用非攻擊性方法來應付這種場面,而同樣比例的男孩選擇了打架或對罵。

在第四個研究中,一些兩歲的孩子在與玩伴玩耍時,偶爾聽到成年人之間的爭吵,女孩子往往表現出害怕、膽怯的反應,如嚇呆或掩面;而與之相反,男孩子則表現出攻擊性,甚至向同伴吼叫。

11

父教缺失，女孩成長隱患多

沒爸的女孩像 "野草"

　　"世上只有媽媽好，有媽的孩子像個寶 …… 沒媽的孩子像根草"。如果沒有爸爸呢？如果父教缺失了呢？

　　2002 年 6 月 16 日，北京發生了著名的 "藍極速" 網吧縱火案，25 人被燒死，多人受傷，重傷者數人。在參與作案的四人中，其中有一位叫張某某的 17 歲女孩的故事特別令人唏噓不已，讓我們不由的感歎：缺乏父親的管教，這個孩子的生長就像野草一樣肆意地生長着，"沒爸的孩子像野草" [1,2]。

① 莊山、柯立、李偉、巫昂：兩個縱火少年和 25 條生命，http://www.lifeweek.com.cn/2003/0408/1594.shtml。

② 郭娜、劉清龍，藍極速網吧縱火案背後故事，http://news.sina.com.cn/c/2006-05-11/16309833160.shtml。

••• 小時候張某某：像個寶

　　張某某的爸爸是一名建築工程監理。小時候，張某某一家絕對是小康一家，張某某像生活在蜜罐裏。在上個世紀九十年代，她們家裏就有一輛皇冠牌進口轎車。1991 年，張某某六歲時，古箏考過了一級，爸爸立馬就搬了一台蘋果電腦回家作獎勵。每到週末，張某某的爸爸就會帶着她與媽媽先去遊樂園再去吃西餐。

　　那時的爸爸，在張某某心目中"特別偉大""什麼都會"。接受記者採訪時，她用了"飽讀詩書"四個字來形容爸爸。爸爸知道張某某喜歡金字塔，買了十幾本和埃及有關的書留給她以後旅行時帶。相反，媽媽只關心柴米油鹽，母女交流不多，媽媽常說："我也不懂，問你爸去。" 張某某甚至至今不確定母親的職業，只根據書架裏看到很多媽媽的 "管理類" 書推斷，媽媽學的是管理。

••• 爸爸吸毒後：張某某像 "野草"

　　上個世紀 90 年代初，張父去泰國和越南旅遊，結果染上毒癮，從此走上了不歸路。十年間主動戒毒十五六次，強制戒毒兩次，始終無濟於事，沒有徹底擺脫毒癮。張某某上初二時，她的爸爸因吸毒過量被送進了急救中心。一個知情的女生在背後議論此事而惹怒了張某某，她就找了四個朋友把那個女孩推倒在地，把玻璃碴子和石子裝進她的衣服，讓她在地上爬，"這樣臉上沒傷。" 老師知道後要求張某某帶家長到學校，張某某逃脫了兩天，第三天被班主任攔在門口："家長不來不許進教室。" 張某某就晃悠到學校門口的小賣部，花 100 塊錢僱了一個阿姨冒充她媽媽。她事後解釋說："我不想讓我媽知道我為什麼打架。" 但最後班主任還是設法找到了在家做晚飯的張某某的媽媽。張某某說，那是媽媽罰她最重的一次，她一直跪在地毯上，媽媽哭着說："你這個不爭氣的孩子。"

此後，張某某開始遠離校園，整天整天地逃課。她說泡網吧的日子黑白顛倒，什麼煩心事都忘了。她總是先打開 OICQ，看看有沒有班裏同學的留言；人多的時候大家一起打 CS，她愛當警察，她解釋說："人都有正義感。" 晚上她玩《魔力寶貝》，養《哈利‧波特》裏才能見到的各種奇形怪狀的龍、狗和蜜蜂；跟老師吵了架就給妖怪起上老師的名字，再把牠打敗，"特高興"。半夜裏，她去 163、263 的聊天室，跟小男孩、小女孩講故事，有愛情、有科幻、有鬼故事。張某某最愛上旅遊網站，她看過天葬全過程的圖片，西藏的神秘讓她着迷。張某某說："網絡是我尋找欣慰的一個地方，最煩看見一家三口其樂融融。"

到了放學時間，張某某經常跟一幫黃頭髮、肥褲子、三五成群的街頭少年站在校園門口，過篩子似的盯着回家的學生。他們通常五六個人一起圍住一個不會告狀的同學，一個人上去要錢。張某某沒覺得這有什麼不對。許多中學都有這樣的小團夥，張某某在其中混得不錯，她在社會上認識人多，在學校裏可以呼風喚雨，考試時只要一聲咳嗽，就有人把答案乖乖送上來。

2001 年，姥爺家的三萬塊錢不翼而飛，而張父又是那天唯一去過的人。在爭執過程中，張父行兇殺人。2001 年底，張父被一審判處死刑。一審判決後，媽媽不讓張某某去見張父最後一面。母女二人就此決裂，張某某搬回自己家獨自居住，直到藍極速慘案發生。

　　缺乏父親的管教,男孩容易犯罪,女孩也同樣容易犯罪。美國前總統奧巴馬在 2008 年父親節講演時引用了這樣一組統計數據:生活中沒有父親的孩子將來落入貧困或犯罪的可能性比一般孩子高出五倍;將來被關進監獄的可能性高出二十倍。他們更有可能出現行為問題,更有可能離家出走,更有可能在未成年時就當上父母。

　　在孩子規則意識、規則行為形成的過程中,父親扮演着更為重要的角色,父親往往被看作為孩子的規則來源。心理學大師弗洛伊德曾說,孩子眼中的父親是集法律、約束力、威嚴、權力於一身的超人。父親在孩子眼裏往往是社會秩序和紀律的象徵,孩子對父親是既敬又怕的心理,並且在此心理上模仿父親,認識社會道德規範。

"父教缺失" 危害女孩的戀愛及婚姻

父教缺失的女孩，更容易過早戀愛、過早發生性行為，以下就是兩個相關研究的發現：

研究一：學者赫塞林頓比較了兩組女孩，一組是與父母生活在一起的女孩，另外一組是只與母親生活在一起的女孩，結果發現：來自離婚家庭的女孩更早、更頻繁地與男孩約會[1]。

研究二：學者 Ellis 等人的研究發現，"父親缺失" 會導致女孩青春期的提前到來，並增加了女孩過早的性行為和未成年懷孕的風險。

父教缺失，同樣會對女孩將來的婚姻幸福產生不利影響，父女關係往往是女兒將來婚姻關係的模板，女兒在將來的婚姻中往往會不知不覺地複製她與父親的關係。在 2009 年第 6 期的《婚姻與家庭》分析了四個婚姻問題的案例，結果發現這四個遭遇婚姻問題的妻子都與父親有過不良關係，婚姻過程中遭遇的問題，都源於她們與父親的關係。其中一個案例是這樣的[2]：

---

① E.M. Hetherington. Effects of Father Absence on Personality Development in Adolescent Daughters, Developmental Psychology,1972, (7)：313 ～ 326.
② 陳佩華：和父親握手，與婚姻話和 . 2009 年第 6 期婚姻與家庭（性情讀本）。

一個女孩小時候經常捱父親的打罵：

小時侯，幼兒園阿姨給我脫衣服時總會說："這孩子又捱打了。"我也曾經悄悄問媽媽："能給我換個爸爸嗎？"我媽只是無奈地看着我說："你要是乖就不會捱打。"

於是，我努力做個乖孩子。爸爸要我晚上 8 點睡覺，我就乖乖地準時爬上床；爸爸希望我成績領先，我就拚命學習；爸爸希望我按時回家，我就從不參加小夥伴的遊戲……

但我畢竟是個孩子，我怕黑，怕一個人睡覺。有幾回，我想讓媽媽陪我睡，於是大聲喊媽媽過來。"吼什麼，自己睡！"客廳傳來的陰沉男聲打斷了我的叫嚷。"我害怕，我一個人睡不着。"我分辯道，"啪！"我聽見鋼筆被摔在了桌上，急促的腳步聲隨之臨近。

我躺在床上一動不敢動。爸爸走進來拉開了燈："有什麼好怕的？怕就開燈，不許吵！"燈光打在牆上，映出爸爸的剪影，就像一個怪獸。他伸出手指："我數三聲，你再不給我睡覺，小心我把你拉出去餵老虎！一、二……"我閉上雙眼，抽動雙肩大哭，想向媽媽求救。

"嘿！叫你不要吵，你還給我哭起來了，是不是找打？"話音未落，爸爸已經掀開被子把我往門外拽，巴掌隨之如雨點般落在我身上。媽媽躲在廚房裏哭，我則抖動身體抽泣着。

這樣的場景在我家幾乎每天都要發生。只要爸爸咳嗽一聲，我和媽媽就嚇得不敢說話。更多的時候，他不咳嗽，而是直接動手。要是趕上他喝了幾口酒，我就更慘了，因為他隨時可能抬起巴掌，甚至都不用找一個打我的理由。

這種膽戰心驚的生活讓小小的我十分恐懼。那時，我只想快快長大，早點兒脫離父親的魔掌。

她十分恨他的父親，父親給她留下了很深的心理陰影。但令人感到非常意外的是，到最後她卻找了一個像父親一樣喜歡暴力的丈夫：

我20歲就結婚了，丈夫孔傑長得高大威猛。當年我會嫁給他，只因為在那個很冷的晚上，他脫下外套，披在我身上。那一刻，我覺得很溫暖、很安心，不由自主地就想依靠他。我們戀愛不到半年就結婚了。結婚後，孔傑漸漸表現出他的另一面。他不愛做家務、大男子主義，也不像結婚前那樣喜歡我黏着他。有時遇到不順心的事，他會罵罵咧咧的。我要是說他幾句，他會對我翻白眼，說得多了，他甚至動手打我。我真悔，當初為什麼這麼草率就和他結婚了。我更覺得悲哀的是，自己剛從父親的暴力陰影中走出來，就又落入了丈夫的暴力牢籠。

為什麼她會如何選擇？難道她有受虐的傾向？
心理諮詢專家陳佩華解釋了其中的原因：

暴力的父親會造就一個恐懼和缺乏安全感的女兒，她會急切地尋求保護。因此，這類女孩往往會早戀或早婚，尋求自己生命中的另一個保護傘。由於內心的不安全感，在現實中她會找一位看上去比較強悍的男性……

美國心理學家諾曼·萊特在分析著名童話人物睡美人與灰姑娘的故事時，也給出了類似的解釋：

　　現在的很多女性，特別是那些在家裏沒能充分享受父愛的女性，總是會對第一個向她求婚的“王子”充滿情意綿綿的幻想，期望能從他身上尋找到在父親那裏未能得到的安全感和依賴感。

　　父女關係可能影響女兒將來的婚姻關係，原因主要有兩點：其一是父親的榜樣作用。大多數情況下，父親是女孩的第一個“男”朋友。女孩對男性的認識往往是從父親開始的。早期的父女關係往往是女孩以後處理異性關係的樣板，心理學家羅斯·派克認為 [1]：父親對女兒的影響並不在童年時期就宣告結束，甚至到了青少年時期和成年時期，女兒與男性的關係也較多地受到她與父親早期關係的影響。父親為女孩提供了一種男性的榜樣和行為模式，女孩往往從父親身上的男性品質上尋找未來生活的參照，青春期的女孩甚至會把父親看作為未來丈夫的模型。研究婚姻與愛情的專家認為，女孩在尋找戀愛對象時，她們會有意識無意識地尋找那些與父親相像的異性；其二是父教的存在提高了女孩認識了解男性的水平，提升了女孩與男性打交道的能力。心理學的角色互動理論指出 [2]：父親在幫助女孩學習與男性打交道方面較為重要，學者赫塞林頓的研究發現：在與男性打交道方面，那些只與母親生活在一起的女孩，面對男性時表現出更高的焦慮感。

---

① 羅斯·派克·父親的角色〔M〕·瀋陽：遼海出版社，2000 年。
② E. M. Hetherington. Effects of Father Absence on Personality Development in Adolescent Daughters[J], Developmental Psychology,1972(7).

培養女孩好榜樣：
"脫口秀"女王的父親

下面這個故事是關於一個女孩的，她 14 歲以前的生活，混亂不堪，14 歲以後，她的生活走上了正軌，成為美國傳媒界的名人。這個故事也是關於一位父親的，父親是讓這一切變為現實的那個人，這是父親創造的奇跡。

14 歲以前：不堪回首的痛苦生活

14 歲以前的日子裏，她的生活，痛苦得不堪回首[1],[2]：

她是私生子，她的母親是一名女傭，父親是一名軍人。她出生的時候，她的父母都只有十幾歲。她的監護權屬於母親，出生後不久，她的母親外出打工，把她留給了嚴厲的外祖母。外祖母對她十分嚴厲，做錯一丁點事情都要懲罰，捱打受罵成了她生活的一部分，她的外祖母喜歡用鞭

---

① 奧普拉・溫弗瑞由 "問題少女" 到 "脫口秀女王"。http://news.xinhuanet.com/world/2005-11/23/content_3822100.htm。
② 周潔皓：奧普拉的悲喜人生深圳晚報，2008 年 7 月 14 日。

子抽打她。

她小時候，經常穿着用裝馬鈴薯的麻袋製成的衣服，因此得到了 "麻袋女孩" 的綽號。她小時候的玩具也非常簡陋，養蟑螂當寵物，用風乾的玉米棒子做成洋娃娃玩。

6 歲時，她被送去與母親一起生活。母親是一個愛發火的女人，一個對自己沒有幾絲愛意的女人。因為房間被佔滿了，她每天晚上只能睡在門廊裏。她的母親不喜歡她，甚至覺得她是一個負擔，她從沒有從母親那裏感覺到溫情，她成了一名棄兒。

她甚至成了性虐待的對象。第一次是在叔叔家，她被一個表哥強姦了，才 9 歲的她根本不明白到底發生了什麼。接下來的 5 年裏，她又受到過許多男人的虐待，其中有她的親戚，還有母親的男朋友。她為發生在自己身上的這種可怕的事情而深深自責，並且保持沉默，她覺得自己是個壞女孩。她變成了一名問題少女，還被送進過少管所。自暴自棄的她繼續和夥伴們鬼混，抽煙、吸毒、酗酒，越陷越深⋯⋯

14 歲時，她未婚先孕，卻不知道孩子的爸爸是誰，而嬰兒出生沒多久就死了。

14 歲以後：父親讓她重獲新生

在 14 歲時，握有監護權的母親已對她不再抱有希望，又無計可施，只好讓她的父親把她接過去。父親把她接去與自己一起生活，她的命運才開始了根本性的轉折。

她的父親非常嚴厲。他規定女兒每週要讀完一本書，而且還要寫一篇讀書報告。在父親的嚴格管教下，問題少女逐漸成長為成績優異的好學生。

她的父親還是一位很有智慧、善於管教的父親。他盡力讓她忘記過去的糟糕經歷，撫平她的傷痛，幫助她制定人生目標和行為規範，並告訴她一定要珍惜自己的價值。

她的父親曾這樣引導她："有些人讓事情發生，有些人看着事情發生，有些人連發生了什麼事情都不知道，你願意做哪一種人呢？"

她決心做那個"讓事情發生的人"。她的內心被父親的愛和鼓勵喚醒，決定改變從前的生活，做一個有價值的人。她漸入佳境，她成為全優生。在校園裏，她越來越活躍，後來又主持高中學生委員會，參加戲劇俱樂部。她的口才和辯才也在學校裏有了用武之地，16歲時她贏得艾爾克斯俱樂部演講競賽，並由此得到了到田納西州立大學深造的獎學金。她還作為那什維爾青年協會代表和東部高中美國傑出少年的代表，赴白宮受到尼克遜總統的接見。

1972年，她考上了大學，進入田納西州立大學主修演講和戲劇。大一那年，她參加了田納西州黑人小姐的角逐，憑着出色的口才和獨特魅力，獲得了桂冠。第二年，她又被哥倫比亞廣播公司聘為業餘新聞播音員。大三時，她便已賺得15000美元的薪水，成為小有名氣的新聞播報員。1976年畢業後，她又成為巴爾的摩電視台最年輕的新聞播報員。

1998年，她被《時代》雜誌評為20世紀最具影響力的100位人物之一，在女性當中，排名僅次於當時的第一夫人希拉里。

2003 年，她成為首位進入福布斯排行榜的黑人女富豪，資產達 10 億美元。

2005 年《福布斯》一百位名人權力榜中，她榮登榜首。

她是誰？

她就是奧普拉·溫弗瑞，美國享譽世界的 "脫口秀" 女王，曾八次獲電視艾美獎，僅僅是在美國，每週就有 4900 萬觀眾收看她的脫口秀節目。

現在的她，在社會上擁有巨大的影響力，是 "改變了世界的黑人婦女" 中最有名的一位。

是誰使她發生了如此大的改變，讓人不敢相信這是同一個人！

這一切的改變，源於她的父親，是父親的力量逆轉了她的人生軌跡，讓她懸崖勒馬……

她的父親名叫弗農·溫弗瑞，一個勤快又正直的人，在家鄉經營着一家理髮館和一家食品雜貨店，後來他還成了市議會的議員。

好好做父親的 5 個建議

建議 1：善於表達對女兒的關愛

成長中的女孩，對情感的需求更強烈。研究證實，父教缺失的女孩更容易過早地戀愛一個重要原因，是她期望在戀愛關係中彌補缺失的父愛。

傳統的中國父親威嚴有餘、關愛不足。有些父親受限於 "嚴父慈母" 的偏見，為了保持所謂的尊嚴，往往把父愛隱藏得過深，深到幼小的女兒無法感知。

有些爸爸因為性別的原因，不知道如何向異性的女兒表達關愛。

魯迅先生曾說過 "無情未必真豪傑，憐子如何不丈夫"。

前人大校長陳雨露有一次問女兒 "什麼是好父親？" 女兒這樣回答："好父親是 90% 的溫柔，10% 的冷峻。"

父親如何讓女兒感受到自己的關愛呢？

愛要說出口。要讓女兒感受到父親的關愛，父親一定要經常對女兒說 "我愛你"。這種表達最好從女兒小時候就開始，習慣成自然，從 "寶貝，我愛你"到"女兒，我愛你"往往就很自然。

表達愛的方式還有很多。不管在什麼地方，不管是上班還是下班，父親們都可以找到表達愛的方式。比如午間一個關懷的電話或一個短信，貼在女兒床頭的一張紙條，都可以成為父親表達愛的手段。如果出差在外，父親可以打一個電話發一個短信、微信或寫一封電子郵件，聊聊出差在外的生活，關心女兒的生活學習，也可以給孩子寄一張當地的明信片。如果抽時間親筆書寫一封紙信，貼好郵票放進郵筒，對女兒來說可能是一個驚喜。

只要有心，父親們可以找出無數種表達關愛的方式方法。

建議2：父親要勇於管教

母親的愛往往是無條件的，說得更直白一點，母親更可能溺愛孩子。

著名心理學家弗洛姆也認為，父親的世界是"法律和秩序的世界、紀律的世界"。在生活中，我們也不難發現，母親會表現出更多的包容，父親則更喜歡給孩子立規矩。如果連父親都不捨得給孩子立規矩，那麼往往沒有人給孩子立規矩。

沒有規矩的孩子，往往是危險的孩子。現在"野蠻"女生越來越多，一個重要的原因是管教的缺失，父親應負更大的責任。

在日常生活中，對於女兒一些過分的要求，父親要學會堅決的拒絕。對女兒一些不合乎社會規則的行為，父親要學會堅決的制止。當然，管教並不意味着責罵和暴力，最好的管教應該是和善而堅定的。

建議 3：把女兒放進父親的日程表

現在的社會，是一個生活節奏日益加劇的社會，每一個人好像都很忙，尤其是 "男主外" 的父親顯得更加忙碌，許多爸爸白天忙工作，晚上忙應酬，週末忙加班。許多爸爸太忙了，忘記了自己人生中更重要的一個身份 —— 父親。

做重要的事情總是有時間的。如果爸爸覺得他對女兒的成長很重要，那麼請把女兒放進爸爸的日程表中，提前安排一些孩子的事情。如女兒的生日，如果提早安排的話，就更有可能保證爸爸出現在女兒的生日聚會上，親眼看着女兒吹滅生日蠟燭。

爸爸把女兒關心的事情放進自己的日程表，會讓女兒感覺到她很重要，爸爸時時處處在想着她。

每一次，當爸爸在規劃日程時，了解一下女兒的日程表，把她的重要事務安排進去，女兒打心底裏喜歡爸爸、感激爸爸的。

建議 4：抽出專門時間陪女兒

現在，在親子領域流行 "黃金時間" 的說法，親子陪伴的時間長短重要，但更重要的是陪伴的質量。

這種高質量的 "黃金時間" 有這樣三個特徵：

專注：父親的這段時間是專門預留給孩子的，除非緊急而重要的事情，其他任何事情都不能干擾這段時間。

以女兒的需要為中心：做女兒喜歡做的事情，聊女兒感興趣的話題，主要由女兒來主導安排這段時間談什麼、做什麼。

以傾聽為主：父親要多聽少說，一個善於傾聽的父親才可能是一個好父親。

"黃金時間"可以融洽父親與女兒之間的關係，讓女兒感受到父親是真正在乎自己的，這對女兒的安全感和價值感的獲得都具有非常重要的意義。

建議5：抓住女兒成長中的"關鍵時刻"

有一些"關鍵時刻"，是父親千萬不能錯過的，比如女兒的出生時刻、女兒的生日、女兒特別在意的某個重要活動（如學校的某個活動）。關鍵時刻，主要是針對女兒而言的，即女兒認為非常重要的時刻。這樣的時刻不多，一旦錯過了，父親需要十倍甚至百倍的時間都不一定彌補得過來，因此它們被稱作為"關鍵時刻"。

在"關鍵時刻"，父親的在場和陪伴對父女關係的發展具有極強的加分效果，它是父女關係的"倍增器"。這些關鍵時刻往往只有一次或少數幾次，往往就會給女兒留下難以忘掉的深刻印象。

2000年第二十七屆奧運會在澳大利亞悉尼舉行，NBA著名籃球運動員莫寧作為美國夢四隊的唯一中鋒參加比賽。在比賽期間，莫寧放棄了美國隊的三場比賽，飛跨了大半個地球從澳大利亞飛回邁阿密，他的目的只有一個：親眼看到女兒的降生。

這些關鍵時刻，往往會給女兒留下許多有關父親的美好的溫馨的記憶，許多女兒長大後對父親美好形象的回憶往往也定格於這些關鍵時刻。

發現女孩之十一：
遊戲風格不同

1952 年，著名心理學家埃里克森就發現女孩總喜歡把積木堆成圓形的城堡，而男孩則用它來搭建樓房和火箭[1]。

在小學階段，女孩喜歡發展兩人間的親密關係，而男孩的遊戲夥伴群體規模更大，男孩在遊戲中也更容易發生衝突[2]。

著名女性心理學家吉利根的研究表明[3]，男孩子玩耍的遊戲常常比女孩的遊戲更複雜，每一個參與遊戲的人都在不同的層面上扮演不同的角色，發揮不同的作用。女孩子的遊戲相比之下則沒有那麼複雜，參與者基本上總是做着相同的事情。男孩子的遊戲持續時間也比女孩子長得多，而且常常是不同年齡的孩子共同參與遊戲。

美國學者布倫達研究發現[4]：與男孩相比，女孩們更喜歡社會交互性遊

① 麥克·湯普森、泰瑞莎·巴克，家有男孩──男孩成長的話題，中國宇航出版社，2005 年。
② 張文新，兒童社會性發展，北京師範大學出版社，1999 年。
③ 戴特·奧藤，男性的失靈，重慶出版社，2008 年。
④ 孫雲曉主編，學會求知，北京出版社，2006 年。

戲。她們也更喜歡語言遊戲,因為女孩的語言能力發展較早,她們期望在遊戲中成功地使用已掌握的語言。女孩也玩暴力遊戲,但她們的目的不是殺人,而是希望了解這些人為什麼被殺,怎麼會被殺。在遊戲中,她們期望得到一種問題解決的方式。

李文道，首都師範大學副教授、北京師範大學心理學博士
諸富祥彥，日本明治大學文學部教授

李文道：　諸富祥彥先生，非常歡迎您來到中山出席 2015 家庭教育國際論
壇。我是李文道，曾經和孫雲曉先生寫過兩本書，一本是《男
孩危機 ?! 》，另外一本是《女孩危機 ?! 》。我們的對話正式開
始。諸富祥彥先生，您是一位父親嗎？

諸富祥彥：是的，我有一個孩子。

李文道：　男孩還是女孩？

諸富祥彥：女孩。

李文道：　我也是一位女孩的父親。第一個問題，您更願意做一個男孩的
父親還是女孩的父親？

諸富祥彥：不僅是我，很多日本人都喜歡有一個女兒。特別是第一個孩子
如果是男孩父母就頭痛了。第一個孩子是女孩就很好。

李文道：　我也有同感。中國很多父母覺得女孩好養，男孩很難養。您能
談談其中的原因嗎？

諸富祥彥：男孩活動性高，對很多事情感到好奇，父母管起來很累。根據

---

① 2015 年 10 月 31 日，由在廣東省中山市舉行的由中國教育學會主辦的 "2015 年家庭教育國際論壇"
期間，李文道對諸富祥彥先生就男孩女孩的教養進行了採訪式的探討，本文即採訪整理後的結果。

　　一個調查，養男孩的女性跟養女孩的女性，40歲時的皮膚年齡看起來相差五歲。養男孩的女性很累，會顯得老。而且男孩到20歲就不在家裏了，但父母與女孩的關係總能維持一輩子，這就是很多家庭想要女孩的理由。

李文道：　如果女孩一直由媽媽撫養，是否會導致您所說的"守墓女"和"毒媽"的現象？

諸富祥彥：那是因為媽媽希望女兒能按照自己的期待成長，這是最大的原因。有些母親小時候練鋼琴沒練好就強迫自己的女兒練鋼琴，女兒就想了滿足母親的期待，非常努力地練。

李文道：　您的意思是女孩為了滿足媽媽的願望，而喪失了自己的獨立性，以及對未來生活的規劃，是這樣嗎？

諸富祥彥：對，喪失了自我。然後她可能在30歲、40歲、甚至50歲才發現自我。

李文道：　才發現自己的需求和獨立的願望，但為時已晚？

諸富祥彥：對。雖然不算晚，但那時候要花10年時間進行心理輔導，我也做了這樣的心理輔導。就是說要讓她知道自己的母親是不好的母親，讓她明白這點是非常難的。

李文道：　您特別強調的"守墓女"現象嚴重嗎？

諸富祥彥：我在進行心理輔導的過程中，覺得最大的問題是為了母親，女兒犧牲了自己一輩子的幸福。有一位28歲的女性被求婚，她也想結婚。但是她父母之間的關係不好，父親在外面有情人，她覺得如果自己結了婚，離開家裏，自己的母親很可憐，所以她就拒絕了別人的求婚。也就是說，與自己的婚姻對比，她覺得母親更為重要。

李文道：　你在《養育女孩的方法》一書中特別講到，快樂的女兒背後一定有一位快樂的母親。

諸富祥彥：男孩、女孩都一樣。父母的快樂是最好的育兒方法。

李文道：　如果讓您做一個選擇題，二選一，您覺得母親對女孩重要，還是父親對女孩重要？

諸富祥彥：母親。

李文道：　為何母親對孩子是最重要的？父親對孩子的重要性體現在什麼地方？雖然看起來父親沒有像母親那麼重要。

諸富祥彥：我調查的日本女孩中有 2/3 在初中和高中時跟父親的關係都很好，是朋友似的親子關係，父親沒有嚴厲苛責女兒。只有 1/3 的父母讓女兒嚴守規矩，這 1/3 的女孩在初中、高中時覺得父親很討厭、很臭，不想讓父親靠近。

李文道：　您的意思是說，女孩不需要嚴格地管教？

諸富祥彥：需要教育孩子成為有規矩的人，但現在日本的父母更害怕孩子討厭自己。五年前日本初中的老師都非常嚴厲，但因為有父母投訴，所以現在初中的老師對學生比較溫和，沒那麼嚴厲。結果造成日本的孩子沒有學習規矩的機會了，他們進入社會後才知道守規矩。

李文道：　您特別提到，對女孩來講，愛與被愛是非常重要的。怎麼培養女孩愛與被愛的觀念？

諸富祥彥：我覺得夫妻兩人要作為模範，可以在孩子面前親吻或牽手，向孩子顯示夫妻間的關係親密是非常重要的。

李文道：　這樣做的話可以讓女兒感到很安定，感覺婚姻是很開心的事情？

諸富祥彥： 是的。父母用自己親身的舉動和體驗，告訴孩子婚姻是愉快的事情。

李文道： 在中國有這樣一個現象，青春期的女孩對自己的滿意度下降，日本有沒有這樣的情況？

諸富祥彥： 有。日本人的自我肯定感在世界上是比較低的。

李文道： 青春期女孩變胖，對自己身體的滿意度就會下降，這是中國比較嚴重的問題。

諸富祥彥： 現在有的日本女孩因過度減肥已經出現了精神方面的問題。

李文道： 下一個問題是關於性的問題。美國研究表明，女孩第一次性行為往往是非自願的？

諸富祥彥： 基本上是一樣的。但現在女方主動的情況在增加，因為男性變得不主動了。在性方面，日本女性保持比較高的水準，但男性能力下降得比較嚴重，所以男性往往被女性主導。

李文道： 有沒有所謂的"剩女"現象，大齡女性沒有結婚。

諸富祥彥： 這是很大的問題，但到了 50 歲還是處男的男性問題是更大的問題，這是日本現在的大問題。中高年齡的處男沉溺於虛擬的世界，跟現實中的女性沒有發生關係，然後不知不覺就到了 50 歲，日本現在這種男性有很多。

李文道： 作為一個女孩的父親，您覺得在養育女孩的過程中，怎樣做才是最好的？

諸富祥彥： 最好告訴她幸福是可以實現的，你自己喜歡怎麼做就怎麼做，我會全力以赴地支持你。我想說教育孩子最重要是告訴她人生是快樂的，如果自己父母的人生不快樂，孩子的人生也不會快樂。

李文道： 在新聞媒體上有一個報道，日本的年輕女孩有"援交"的現象，不知道這種問題嚴重嗎？

諸富祥彥：跟以前相比有所減少，因為各種條例變得嚴格了。

李文道：　如果少女從事援交行為，出發點是為了錢嗎？

諸富祥彥：也可能是寂寞。

李文道：　尋求一種情感的安慰？

諸富祥彥：有一個女孩長得非常清秀，但她的父母非常嚴厲。我對這個女孩進行了心理輔導，她跟我說，並不是想跟糟老頭睡覺，也不是想得到錢，做這個事情是想讓父母感到悲痛，她是為了對父母進行復仇而從事援交的。

李文道：　背後的原因是她沒有從父母那得到足夠的愛？

諸富祥彥：對。現在日本還有一個現象，學校老師跟很小的女孩發生性關係，這樣的事情讓我們很痛心。

李文道：　我作為父親，我最擔心的是女兒在性的方面受到傷害，所以我會想辦法，盡可能地去保護她，避免她受到傷害。您有這種擔心嗎？

諸富祥彥：我也有這種擔心，我也想保護女兒。

李文道：　我們知道有一些孩子的學習緊迫感不強，男孩、女孩都不願意學習，導致成績比較差，這種現象是否比較嚴重？

諸富祥彥：原因就是智能手機，根據調查，如果孩子一天玩一小時以上智能手機，不管怎麼學成績都不會好。智能手機讓我們大腦血流變差，特別是日本的 QQ、line。拼命在 QQ、line 上進行溝通和交流，他的集中能力就會下降。我的女兒是一個高中生，她沒有玩 line，我也是為了保護女兒，不讓她玩 line。

李文道：　但現在是網絡社會，人們依賴網絡。

諸富祥彥： 對，這是很大的問題。這樣的話人類的品質會下降。日本人品質劣化的最大原因就是智能手機，從智能手機那裏把孩子奪回來是我們最大的課題。這樣持續下去的話，日本人的勞動能力、學習能力都會下降，現在日本人都有這種危機感。對手機的依賴是人類的大敵。

李文道： 您有否考慮應該怎麼做，才能減少孩子對智能手機的依賴？

諸富祥彥： 孩子剛開始接觸手機的階段是非常重要的，對手機和對酒精的依賴是一樣的，是一種病。如果一個人得了這種病，要治好就很不容易了。父母一開始跟孩子說好限制時間，限制使用的程序這是最重要的，我覺得為了保護人類也有必要這樣做。

李文道： 就是從小讓孩子形成對智能手機的自控能力？

諸富祥彥： 對。

李文道： 您的女兒做得怎麼樣？

諸富祥彥： 跟她認真談了，她初中的時候沒有拿手機，這是女兒主動提出的，到了高中後，女兒主動說不玩 line。日本很多的欺凌和不純潔的異性關係都是由 line 引起的，現在日本很多教育方面的人士都覺得最困難的是怎樣從 line 保護孩子。

李文道： 您對智能手機有依賴嗎？

諸富祥彥： 我也有玩手機，但我有時間限制，我在孩子面前絕對不玩手機。

李文道： 您對在 21 世紀要做一個好父親有什麼想法？

諸富祥彥： 首先不要經常玩手機，而且父母要開心。如果父母不幸福的話，小孩會在潛意識裏認為自己不會比父母更幸福。父母享受生活，對孩子的將來是最好的財富。

李文道： 非常感謝諸富祥彥先生。

後記

孫雲曉

《女孩危機?!》是讀者的命題作文,也是我們的傾情奉獻。

2010 年,我們合著的《男孩危機?!》榮獲《中國教育報》最佳圖書獎。同時,在中國教育報等 8 家媒體的共同推薦下,經過 18 萬網友投票支持,入選國家新聞出版總署"2010 年大眾喜愛的 50 本圖書"之一。

在《男孩危機?!》成為社會廣泛關注的話題的同時,許多女孩的父母提出了懇切的要求,希望我們寫一本《女孩危機?!》,因為他們發現女孩教育同樣困惑多多。於是,我們開始了對女孩問題的專門研究。

其實,我對女孩問題的關注與對男孩問題的關注同樣漫長。自 1980 年起,我一直跟蹤採訪一些女孩,至今已經長達近四十年。我發現,女孩子乖巧伶俐成熟較早,但她們的問題也更複雜而隱蔽。男孩子的問題是表面的,女孩子的問題是深層的。男孩子像一條河,女孩子像一口井。所以,女孩教育比男孩教育需要更加細緻和藝術。

2010 年暑假,應中央電視台子午書簡欄目組的邀請,我和首都師範大學的性教育專家張玫玫副教授擔任嘉賓,連續做了 18 期青春期性教育節目,探討許多女孩問題。我說起某婦產科醫生每年至少做 200 例未成年女孩的人工流產手術,張玫玫教授告訴我,北京一個女中學生一年做了六次人工流產。當然,不能把這些責任簡單地歸咎於女孩,但可以看到女孩問題的複雜性。比如,一些發生性行為的女孩常常把尋求"溫暖"視為第一需求,這或許說明,女孩子對情感的特別需求是不可忽略的。

極端的案例可以發人深省，但沒有普遍意義。讓我們看一看潮水般湧來的事實吧。大家一定不難發現，我們身邊無數的女孩子都在減肥，即使那些非常苗條的女孩也深陷肥胖的恐慌之中，她們極為苛刻的對待自己正在發育的身體。研究發現，越是追逐時尚的女孩越可能自卑，因為她們根本無法到達所謂的時尚標準，於是她們就瘋狂減肥。從普遍的趨勢來看，女孩子為了優異的學習成績，往往比男孩子付出更多的辛勞，更加缺少休息和運動，結果痛經成為女中學生最常見的疾病之一，甚至出現罕見的閉經案例。

我們不能說，今天的女孩都是明天的母親，更不能說為了明天的母親所以要重視今天的女孩，我們寫《女孩危機?!》的核心目的是為了每一個女孩的健康成長，為了她們獲得一生的幸福。毫無疑問，今天的許多女孩都可能是明天的母親，而有健康的女孩才會有健康的母親，有健康的母親才會有健康的孩子，也才會有健康的民族。

男孩女孩的教育到底有何不同？社會上流傳着"女孩富養男孩窮養"的說法，似乎女孩子需要養尊處優，男孩子則要體驗飢寒交迫，這其中有許多誤解。早在 1998 年，中國青少年研究中心和北京師範大學教育學院合作，進行了全國中小學生學習與發展的課題研究。我和鄭新蓉教授在主持該研究時發現，女生最喜歡的學習方式是語言溝通、閱讀和聊天；而男生最喜歡的學習方式則是運動、實驗操作、使用計算機和參與體驗。這或許可以視為因性施教的根據之一。當然，男孩女孩都需要關愛，都需要運動和閱讀，但"女孩富養"的正解是女孩需要更深入細緻的情感交流和更豐富的精神滋養，"男孩窮養"的正解是男孩需要更多的運動和歷練。

與《男孩危機?!》一書相比，《女孩危機?!》更具有可讀性和操作性。《男孩危機?!》主要是給 0-18 歲男孩的父母和教師閱讀，《女孩危機?!》可能是所有女孩的父母和教師都值得一讀,有閱讀能力的女孩本身也會開卷有益的。在 2017 年最新問世的《女孩危機?!》升級版中,內容擴充為 11 章,給女孩父母的教育建議增加到 55 條,並且是每一章都有 5 條建議。同時,還把我的合作者李文道博士與日本的女孩教育名家、明治大學文學部教授諸富祥彥的對話收錄升級版。這對讀者來說,都可以獲益多多。

在《女孩危機?!》升級版即將與讀者見面的時候,我們特別感謝全國政協常委、民進中央副主席、中國教育學會副會長朱永新教授和國家督學、中國陶行知研究會會長朱小蔓教授欣然作序,特別感謝中國科學院院士、中國科普作家協會會長劉嘉麒研究員的鄭重推薦,特別感謝著名女作家畢淑敏、全國婦聯書記處書記鄧麗、中國人民公安大學犯罪心理學家李玫瑾教授、首都師範大學性教育專家張玫玫副教授、浙江師範大學兒童文化研究院院長、著名兒童文學理論家方衛平教授、著名兒童文學女作家彭學軍、北京青少年性教育工作者鄧軍等專家學者的熱情評點。

每一本書都是"千人糕"。我們感謝媒體朋友的積極推介。我們還要衷心感謝廣大讀者朋友,尤其是關心女孩的父母、教師和相關人士,是你們的呼喚才有本書的問世,是你們的閱讀和使用才會實現本書的價值。

為了方便與讀者朋友的交流,我留下自己的聯繫方式:

孫雲曉聯繫方式:

孫雲曉微信公眾號:syxedu,微信名:雲曉家庭教育

孫雲曉的新浪微博 http://weibo.com/sunyunxiao,私信可留言。

孫雲曉通信地址:北京市西三環北路 25 號中國青年政治學院辦公樓 807 室中國青少年研究中心辦公室,郵編 100089

孫雲曉的網易郵箱:9999syx@163.com

2016 年 6 月 12 日於北京雲根齋